lonely planet

Nadar al aire libre

Sumario

África y Oriente Próximo

América

Europa

Asia

Oceanía

Índice

Introducción

Practicar más lo que más nos apasiona: esto es lo que inspira la colección sobre "Lugares mágicos". En los últimos años, cada vez más gente ha descubierto la magia de nadar en parajes salvajes, y cada vez son más las personas que cambian las piscinas cubiertas por las aguas naturales. Sus beneficios están bien documentados, en particular los de nadar en agua fría. Estudios científicos revelan que es bueno para el cuerpo y la mente, que mejora la inmunidad y reduce el riesgo de enfermedades cardíacas, además de aliviar estados de ánimo negativos y aumentar el bienestar general. Y la ciencia solo cuenta una parte de la historia; para entender por qué la natación al aire libre atrae a tanta gente hay que fijarse en algo más difícil de medir y cuantificar: la palabra que da sentido a esta colección: magia. La magia de sentir el barro húmedo entre los dedos de los pies en la orilla de un río. La magia de saltar del cemento al agua fresca un día caluroso en la ciudad. La magia de flotar bocarriba y dejar que los sonidos de la naturaleza nos calmen la mente. La magia de tomase una taza de té caliente o una cerveza fría ya envueltos en la toalla contemplando el agua.

Este libro presenta 180 destinos de todo el planeta para nadar en lugares especiales. Cada uno de ellos ha sido elegido porque ofrece una experiencia placentera intangible, ya sea de euforia, calma, rejuvenecimiento, asombro o algo totalmente diferente. Hay destinos que aceleran el corazón, desde zambullidas a lo desconocido en cuevas mexicanas hasta chapuzones en aguas heladas de la Noruega ártica. Nados que revelan historias singulares, como flotar sobre una ciudad sumergida en Turquía o relajarse en las pozas termales de los antiguos buscadores de oro en los montes de la Columbia Británica, en Canadá. Hay chapuzones junto a la fauna local, canguros grises orientales en la costa australiana o colibríes en las pozas de los bosques nubosos de Ecuador; y luego hay otros en los que el viaje lo es todo: ir de *pub* en *pub* por un río galés o unirse a los suizos que saltan al Rin en Basilea y se dejan llevar a casa por la corriente.

Este libro es una invitación a descubrir la magia de nadar al aire libre, tanto a nadadores con mucha experiencia como a gente con curiosidad y ganas de 'mojarse'.

Cómo usar este libro

Este libro presenta 60 destinos acuáticos de todo el mundo, organizados por regiones y acompañados de otras dos propuestas de destinos parecidos o cercanos, y detalla los motivos para visitarlos y los mejores meses del año para hacerlo. Además, revela la esencia de cada lugar: por qué es especial, su historia, sus retos y por qué resulta tan placentero nadar allí, y ofrece tres experiencias únicas de cada sitio, más el recuadro "Mi experiencia", con el testimonio de lo vivido en el lugar del autor o autora del texto. Además, se incorpora un recuadro sobre cómo llegar al lugar, su accesibilidad y si es necesaria alguna preparación especial para disfrutarlo. Consúltese el índice para encontrar cada lugar ordenado por destino o tipo.

Amanda Canning

Prólogo

Por Freya Bromley

Desde que soy nadadora vivo pendiente de las estaciones. Sé cuándo llega la primavera y las orillas del Támesis se transforman con la menta acuática y los lirios amarillos. Empieza el verano y mi piscina de Londres se llena. Las familias hacen cola fuera mientras embadurnan a los niños y el aroma a factor 50 se extiende por Brockwell Park. En otoño todo se tiñe de marrón dorado. Los días se acortan y se puede ir a nadar al amanecer sin madrugar mucho. Luego la temperatura cae en picado y la pizarra del estanque de Hampstead Heath marca 5°, después 3° y finalmente 0°. De repente -y parece que más pronto cada año- es invierno y hay que usar calcetines de neopreno para que no se congelen los pies. En diciembre pasado, una amiga me llevó a Grantchester Meadows, en las afueras de Cambridge, a nadar en el río Cam. Nos pusimos sobre la toalla para no pisar el césped congelado mientras un cisne surcaba el río. Ahora conozco mejor los patrones migratorios de las aves, cuando se van y vuelven.

A menudo siento que la mejor forma de vivir la naturaleza es nadando, y no soy la única. En el 2022 me pasé un año nadando en las pozas de marea de Gran Bretaña. La aventura me llevó de una poza oculta en los acantilados del pueblo de Polperro hasta la laguna de la cantera de Abereiddi en Gales, pasando por Trinkie Wick, en el norte de Escocia, donde los lugareños le dan cada año una mano de pintura a la piscina natural. Escribí un libro sobre aquel viaje y los regalos inesperados que me ofreció esta maravillosa experiencia.

Lo de nadar me acompaña desde que tengo uso de razón, pero lo dejé de camino a la edad adulta hasta recuperarlo tras la muerte de mi hermano. Me junté con una amiga para nadar el día de Año Nuevo y el agua -pringosa de barro y de color ámbar- tuvo en mí un efecto anestésico. Todo se diluyó. Me enganché. Desde entonces he conocido a mucha gente con historias parecidas; que abandonaron la natación y volvieron a ella. Para muchos es la esperanza de poder volver a ese "antes": antes del dolor, antes de la pena, antes de la pérdida de la inocencia. Algo en la vida nos llama para regresar a aquellos primeros recuerdos de libertad, naturaleza y juego.

Uno de mis primeros recuerdos relacionados con nadar es un frío chapuzón en Dartmoor y, aunque de eso hace más de una década, recuerdo la naturaleza con nitidez. Empezaba la primavera y el páramo era un caleidoscopio de tojos amarillos, brezo morado y cielos azules. Habíamos hecho cola en una furgoneta de helados Devonshire Dairy y se nos acercaron ponis salvajes; quizá querían helado. Yo aún tenía las manos pringosas del cucurucho cuando mi padre nos contaba la leyenda de Manos Peludas, el fantasma del páramo. El río East Dart cabalga allí sobre las rocas antiguas del bosque de Bellever. Recuerdo a un grupo de adolescentes en sus toallas, con cervezas en remojo atadas con una cuerda a un palo. Cada vez que siento la gélida agua de un río en

la piel recuerdo el juego en aquellas aguas con mis hermanos.

Tras la muerte de mi hermano, nadar no solo se convirtió en una forma de seguir unida a él, también me ataba a mi yo de la infancia. El yo que juega, que ríe... el yo que le conocía. Nadar nos mantiene en contacto con nuestra niñez y también jóvenes. Reduce el dolor y la inflamación, refuerza el sistema inmunitario y mejora la circulación. Se ha demostrado que la "adaptación al frío" por medio de la exposición repetida al agua fría reduce la presión arterial y el colesterol, inhibe la formación de coágulos y aumenta la libido. Llevo mucho tiempo leyendo datos como estos en un intento por articular qué es exactamente lo que hace la natación por mí, pero nada lo explica del todo. Lo más cerca que estoy de explicarlo es que, cuando nado, vuelvo a ser yo misma; pero eso parece una obviedad, así que limitémonos a decir que nadar es saludable. Y placentero.

Este libro no es solo una lista de destinos para nadar en lugares increíbles, es también una guía para disfrutar de la naturaleza que nos rodea, ya sea en busca de aves marinas en Dancing Ledge, en la costa de Dorset, avistando ualabíes en un abrevadero del *outback* australiano o flotando bajo el sol de mediodía en un lago finlandés. Hay que tomarlo como una invitación a descubrir el paisaje que nos rodea: está ahí esperándonos, paciente y hermoso.

"Nadar nos mantiene en contacto con nuestra niñez"

Freya Bromley es escritora, nadadora al aire libre y *podcaster*. Vive en Londres, Inglaterra, y su primer libro, *The Tidal Year,* es una crónica sobre el poder sanador de la natación al aire libre y el espacio que crea para la reflexión, la revitalización y la esperanza. Su *podcast,* del mismo título, cuenta historias humanas que explican por qué nadamos.

África y Oriente Próximo

© MATVEEV ALEKSANDR / SHUTTERSTOCK

Lago de la península de Musandam, Omán

Nadar en los fiordos de Arabia

Naturaleza, montañas, soledad

Nov-mar

Entre las costas de la península Arábiga e Irán pasa el estrecho de Ormuz, un canal de 39 km de ancho donde el agua salada traza una doble curva hacia el Índico. Es una vía navegable con valor estratégico: una interminable flota transporta casi el 25% de todo el petróleo del mundo por este angosto paso. Los billones que genera la exportación del oro negro sostienen el ritmo de vida saudí y han construido los palacios de los EAU y los estadios de Qatar. Pero en la punta sur del estrecho se halla uno de los paisajes más inmaculados de Oriente Próximo: las profundas ensenadas y las imponentes montañas de la península de Musandam, en Omán, una red de promontorios que se extiende hacia el mar como los dedos de una mano abierta. Ante el calor infernal de la península Arábiga, es el lugar perfecto para nadar.

En barco

La mayor parte de la península solo es accesible por mar: para saber cuáles son las mejores zonas de nado hay que ir al puerto de Khasab y reservar una excursión en *dhow* (los antiguos barcos mercantes, símbolos del Golfo y asociados a Simbad el Marino). Al salir del puerto, las torretas del fuerte de Khasab, del s. XVII, se pierden en la distancia. Hay partes del norte de Musandam que son zonas militares de acceso restringido, por eso casi todos los capitanes ponen rumbo al este, hacia la ensenada de Khor ash Sham, la

Dcha.: en las costas de Musandam hay delfines giradores, gibosos atlánticos y nariz de botella, entre otros.

Abajo: los *dhows*, tradicionalmente usados para la pesca y el comercio, hoy son son barcos turísticos.

Mi experiencia

Mi viaje a los paisajes marinos de Musandam está marcado por los delfines. Primero, el grupo de delfines nariz de botella que saltaba tras la estela de nuestro *dhow* al abandonar el puerto de Khasab y que luego perdimos de vista; y después un grupo de delfines gibosos que nos dio la bienvenida al entrar en Khor ash Sham, con una cría que intentaba seguir el ritmo de los mayores. Al nadar en la ensenada, este segundo grupo se alejó, pero de vez en cuando divisaba sus lomos asomando en la superficie: una alentadora señal de más vida mamífera en medio del esplendor marciano de Musandam.

Oliver Smith

Izda.: los remotos *khors*, o ensenadas rocosas, de la península de Musandam.

Pág. siguiente: Los manantiales de Wadi Bani Khalid atrajeron en su día a tribus beduinas.

Imprescindible

→ **Recorrer las murallas del fuerte de Khasab antes de zarpar.**

→ **Bucear con tubo bajo los *khors*.**

→ **Almorzar *biryani* a bordo del *dhow*.**

más espectacular de los llamados 'fiordos noruegos de Arabia'.

Pero estos fiordos son mucho más cálidos, como se comprueba al saltar al agua desde cubierta, y en sus aguas turquesas abundan los peces ángel y león. A veces las aletas de los tiburones ballena horadan estas aguas, y de vez en cuando la silueta de una tortuga se asoma bajo el casco de un *dhow* anclado. La vista sobre el terreno es igual de cautivadora. Desde la línea de costa de Khor ash Sham se alzan escarpadas montañas de 1000 m, bajo las cuales se acurrucan pueblos pesqueros de color blanco donde las comunidades seminómadas de la región viven en invierno. Ante un paisaje así, incluso el nadador más fuerte se siente diminuto y humilde.

Isla del Telégrafo

Lo más probable es que el *dhow* atraque en las aguas poco profundas de la isla de Al Maqlab o isla del Telégrafo, ya que el Imperio británico instaló en ella un repetidor de una antigua línea de telégrafo entre Gran Bretaña y Pakistán. Al nadar alrededor de esta masa de tierra de 1 Ha se divisan los cimientos derruidos en los acantilados y un tramo de escaleras inclinadas que llegan al agua. Cuenta la leyenda que el lugar quedó a su suerte en la década de 1860 después de que los oficiales enloquecieran por el calor y el aislamiento. Al nadar en estas aguas templadas entre picos escarpados y bancos de peces plateados apetece telegrafiar a casa para decir que aquí nos quedamos…

Decídete

Cómo llegar
Musandam es un territorio de Omán separado del resto del país por un tramo de terreno emiratí. Es muy accesible desde los EAU: en automóvil desde Dubái hay 2½ h hasta Khasab, y solo 90 min desde el emirato más septentrional, Ras Al Khaimah (sin contar el control en la frontera). La mayoría de los visitantes que viaja desde Omán continental lo hace en avión: desde Mascate se tarda casi 1 h.

Nivel de dificultad
Nadar desde los *dhows* es muy fácil: hay escaleras y la tripulación siempre está dispuesta a ayudar. Los *khors* suelen ser sitios resguardados y de aguas tranquilas.

Más información
Para saber más sobre la península de Musandam, visítese el portal oficial de turismo www.experienceoman.com. Omán es un país muy conservador, por lo que se recomienda cubrirse y usar camiseta y pantalón largo para nadar.

Otras propuestas omaníes

Mughsail
En la región de Dhofar, en el sur de Omán, es una de las playas más bellas del país, con arenas blancas y acantilados escarpados. Tras nadar en el océano Índico se puede seguir una pasarela que conduce hasta los respiraderos de Mughsail, donde las olas se disparan por respiraderos o bufaderos naturales de las rocas como un géiser en ebullición (pero mucho menos doloroso si salpica).

Imprescindible
Los camellos que deambulan por la playa.

Wadi Bani Khalid
Algunos de los mejores sitios para nadar de Omán están en el interior, como este oasis montañoso, accesible con una larga excursión de un día desde la capital, Mascate. Wadi Bani Khalid alberga un estrecho estanque entre palmeras bajo las escarpadas montañas de Al Hayar donde nadar por canales de piedra y asomarse a pequeñas cuevas sumergidas. Los fines de semana se llena de familias omaníes.

Imprescindible
Ver los *aflaj*, los sistemas de irrigación tradicional omaníes que rodean el lago.

Refrescarse bajo cascadas en las montañas

Chapuzones refrescantes, aguas turquesas, vistas a las montañas

May-sep

Adentrarse en el estanque azul de una de las cascadas de Akchour da escalofríos, pero merece la pena. El agua cristalina, las piedras suaves bajo los pies y la cascada que se precipita por la montaña realmente impresionan.

Justa recompensa

Una de las ventajas de nadar aquí es la caminata que hay que hacer para llegar, en medio del imponente paisaje de las montañas del Rif. Las cascadas están a 11 km de la pequeña localidad de Akchour, por un sendero bien señalizado que sube 325 m y sigue un bonito río por el valle. De camino se pasa por cafés que sirven bebidas y tayín, y por una zona con cascadas más pequeñas, muy popular entre los marroquíes en verano.

A 1 h de la cima se llega a las cascadas inferiores, con una caída de 20 m. Uno ya podría contentarse con nadar aquí, pero no: hay que seguir el sendero por el desfiladero porque la recompensa es un paraje mucho más remoto al final del camino. La mayoría de la gente se queda en las cascadas inferiores, y aunque en las de arriba tampoco se estará a solas, sí que se disfruta de un paraje más salvaje para nadar, en un entorno maravilloso. El premio es una zambullida bajo las grandes cascadas de Akchour, las cascadas superiores, con una caída de 80 m.

Dcha.: un tayín caliente, la comida ideal para después del chapuzón.

Abajo: a las cascadas se llega tras una caminata de 3 h desde el pueblo de Akchour.

© baali Jawad/Shutterstock; Stefano Zaccaria/Shutterstock; Food Shop/Shutterstock; Michel Jiron/Shutterstock

Mi experiencia

Pasamos la noche en el vecino Gîte D'étape Zaouiat Akchour, por lo que nos pusimos en marcha muy temprano a la mañana siguiente. Fuimos los primeros en llegar a las cascadas superiores, y las tuvimos solo para nosotros durante unos 45 min. Fue glorioso: podíamos ver el suelo de lo cristalina que estaba el agua, incluso en la parte más profunda. El agua estaba helada, pero nos zambullimos y nadamos hasta la cascada. Allí no hacíamos pie, ¡y hubo un momento en el que ya no aguantábamos más el frío sobre la cabeza! Jadeantes, braceamos hasta un lateral y nos subimos a un saliente para secarnos al sol. Los pájaros revoloteaban y el sol dibujaba un arcoíris a través de la cascada. Fue realmente mágico.
Helen Ranger

Dcha.: las cascadas superiores, o Grandes Cascades, con una caída de 80 m.

Pág. siguiente: las cascadas de Ouzoud, las más grandes de Marruecos.

Un baño revitalizante

Nadar en las cascadas de Akchour es de lo más refrescante y revigorizante que hay, sobre todo tras la larga caminata: el agua está fría de verdad, incluso en los días más calurosos. El río Oued Farda, que surte la poza, se nutre a su vez del deshielo de las montañas del Rif. Pese a que la sequía reduce el volumen de las cascadas, el frío río de las montañas siempre tiene caudal suficiente para llenar la poza, por lo que no importa la época del año en que se visiten, siempre se puede nadar.

¡Y cómo se nada! Al principio la poza no es nada honda, pero al aproximarse a la cascada se vuelve profunda de golpe y el agua es de un color turquesa más intenso. La escarpada ladera de travertino está cubierta de vegetación, con musgo allí donde toca el agua. En la pared rocosa crecen árboles en ángulos peculiares, y un poco más arriba se divisa una profunda cueva.

Si se observa el paisaje con más detalle se distinguen cedros, encinas, alcornoques, enebros y algarrobos alrededor; y si se alza la vista al cielo es posible ver rapaces como milanos o águilas reales.

Con un entorno natural tan espectacular, nadar aquí es una experiencia memorable. La belleza y la tranquilidad del lugar son un equilibrio más que bienvenido ante la frenética actividad de las ciudades marroquíes. Nadar aquí diluye cualquier prejuicio que se pueda tener de este país, lo cual es de agradecer.

Imprescindible

→ Completar la ruta hasta las cascadas superiores.

→ Deleitarse con el impresionante paisaje mientras se disfruta del baño.

→ Comer un buen tayín en el camino de vuelta.

Decídete

Cómo llegar

Desde Chefchaouen, se toma un Grand taxi a Akchour, en el Parque Nacional de Talassemtane (30 km; 30 MAD por asiento o 180 MAD por todo el taxi). Al final del pueblo, se cruza el puente sobre el río y se enfila el camino por la izquierda de la presa. La ruta hasta las cascadas superiores lleva entre 2½ y 3 h en cada sentido.

Nivel de dificultad

Nadar en las cascadas de Akchour es bastante fácil. El suelo es casi todo de roca suave, pero el agua siempre está muy fría y la ruta es de una exigencia moderada, con tramos en los que hay que trepar por rocas, por lo que no es apta para todo el mundo.

Más información

El parque abre todo el año, no se cobra entrada y tampoco es necesario reservar. No hay vestuarios ni baños, pero sí varios cafés en la parte baja de la ruta. Hay que llevar agua para beber. Para más información, consúltese www.visittanger.com.

Otras propuestas en las montañas de Marruecos

Cascadas de Ouzoud

Casi 3 h al noreste de Marrakech, en el Alto Atlas, están las cascadas de Ouzoud, las más altas de Marruecos (110 m). Sus aguas bravas se precipitan por un escarpado desfiladero de roca roja bordeado de árboles y con macacos de Berbería al acecho. Abajo hay una gran poza de aguas cristalinas, ideal para nadar en verano con las cascadas atronando justo delante.

Imprescindible

Un paseo en barca hasta el pie de las cascadas.

Ras El Ma

Cerca de Taza, en el borde del Parque Nacional de Tazekka, las cascadas de Ras El Ma están rodeadas de fresnos, cerezos y olivos. No hay más que seguir el camino entre los árboles hasta la poza, zambullirse y disfrutar de las vistas de las montañas que la rodean. Con suerte, quizá se vea un águila perdicera sobrevolando los picos.

Imprescindible

Avistar al ciervo de Berbería y a docenas de aves que viven en este parque tan remoto y poco visitado.

Aguas cristalinas y la llamada de los chimpancés

Serenidad, soledad, puestas de sol

Jul-oct

Cuesta encontrar un lugar más remoto o en un entorno más bello para nadar al aire libre que la orilla tanzana del lago Tanganica, cerca del Parque Nacional de los Montes Mahale. Calas de arena recónditas, montañas arboladas que se elevan, escarpadas, desde las aguas límpidas, y puestas de sol que pintan el cielo y el lago de brillantes rojizos y anaranjados.

Belleza sublime

La experiencia comienza en la pequeña playa de Mahale, de suave arena blanca que brilla a la luz del alba, con exuberantes enredaderas, palmeras e higueras que descienden hasta la orilla. Si se escucha con atención se oyen las voces de los chimpancés en las laderas; en Mahale viven casi un millar, y seguir su rastro –trepando por senderos invadidos por la maleza hasta toparse cara a cara con nuestros parientes primates más cercanos– es toda una experiencia.

Más adelante, el lecho del lago, blanco y insolado, centellea. El grito de caza de un águila pescadora de África resuena en las alturas. Es tentador lanzarse en la orilla, pero suele haber hipopótamos y cocodrilos en las zonas someras, así que lo más prudente es ir en barca hasta zonas más profundas y seguras para nadar.

Remoto y maravilloso

Al zambullirse desde el barco una siente cómo la envuelve el agua, a una temperatura de unos perfectos 24 °C todo el año. Flotando

Dcha.: uno de los grandes lagos africanos, el enorme Tanganica, bordeado por cuatro países.

Abajo: un barco de pesca a orillas del lago; sus aguas son ricas en espadines y sardinas.

Mi experiencia

El entorno de Mahale es difícil de superar, pero mi mejor experiencia a nado en Tanganica empezó 200 km al sur, en la isla de Ulwile, a 4,5 km de la costa del delicioso Lake Shore Lodge. Tras un día de relax y pícnic en el lago, a un grupo se nos ocurrió regresar nadando a la orilla, con el barco del *lodge* al lado para no perder el rumbo. En aquel momento no quería estar en ninguna otra parte que no fuera en medio del lago Tanganica; tal era la sensación de tranquilidad, belleza y, sí, placer.
Mary Fitzpatrick

Izda.: un frontosa, una especie de pez endémica del lago.

Pág. siguiente: colonia de pingüinos africanos, en la playa de Boulders, Sudáfrica, desde 1982.

bocarriba se contempla el increíble arco del cielo azul, el paisaje montañoso verde esmeralda y las cordilleras púrpuras de la República Democrática del Congo (RDC), visibles en el horizonte occidental, como si te invitaran a adentrarte en el corazón del continente. La parte más alejada de Tanzania es maravillosamente remota, con espesos bosques y a cientos de kilómetros de distancia de la ciudad más cercana. Nadar aquí es sencillo y fluido; se respira rítmicamente y es fácil caer en un ensimismamiento meditativo, como si pudieras seguir nadando así para siempre.

En el agua se ven algunos de los famosos cíclidos de Tanganica. En este lago viven más de 200 especies de estos pequeños peces de colores. También es interesante conocer algunos datos sorprendentes del lago: su punto de máxima profundidad alcanza los 1470 m, es el más grande de los lagos de fisura africanos y el segundo de agua dulce más antiguo, profundo y grande del mundo.

Puestas de sol envolventes

De vuelta a la orilla hay que dejarse abrazar por la cálida arena de la playa y contemplar la puesta de sol en el horizonte. Los colores del atardecer lo pintan todo con grandes pinceladas y, casi sin avisar, el cielo azul se viste de rosa, naranja, rojo y violeta. Una magnífica sinfonía nocturna de gorjeos, graznidos y parloteos da comienzo cuando la oscuridad aterciopelada y repleta de estrellas cae, majestuosa, sobre el lago y el mundo.

Imprescindible

→ **Relajarse en la arena suave y blanca.**

→ **Rastrear chimpancés en las laderas de las montañas.**

→ **Ver caer el sol tras las montañas de la República Democrática del Congo.**

Decídete

Cómo llegar

A Mahale se llega en vuelo chárter regular (4 h desde Arusha) o en barco de alquiler (4-8 h desde Kigoma o Lake Shore Lodge). Al *lodge* se puede llegar en avión a Kipili, con posterior recogida; o en autobús y recogida desde Mbeya (más de 8 h) o Mpanda (más de 5 h).

Nivel de dificultad

Conviene contar con un barco de algún *lodge* como acompañamiento, y evitar nadar al anochecer o de noche. Las personas con movilidad reducida quizá necesiten ayuda para subir al barco y desplazarse por la arena. Puede haber tormentas repentinas, sobre todo en la época de lluvias (oct-abr).

Más información

Aparte de los *lodges* y bungalós del parque de Mahale, en el lago no hay más instalaciones. Solo se paga por alquilar la barca, y hay que hacerlo con antelación y a través del *lodge*. La época más tranquila y soleada es de julio a octubre.

Otras propuestas africanas

Ciudad del Cabo, Sudáfrica
Con kilómetros de costa salpicada por acantilados y picos escarpados, Ciudad del Cabo es uno de los mejores destinos para nadar de África. Destaca la poza de marea de Camps Bay, protegida, con el pico Lion's Head de telón de fondo y amplias vistas del Atlántico. Podrían verse focas y delfines nadando cerca del muro de la poza.

Imprescindible
Ir a la Boulders Beach, al otro lado de la península, para ver pingüinos africanos.

Pangani, Tanzania
A lo largo de la costa suajili tanzana, cerca de Pangani, el agua está templada todo el año y un arrecife protege de las corrientes oceánicas. Es ideal nadar al alba, cuando el agua se tiñe de rosa, que se rompe con el chapoteo de las brazadas y las suaves ondulaciones que a su paso dejan los *dhows* en su curso mar adentro. Las islas de arena de Pangani están rodeadas de peces y corales de colores.

Imprescindible
Ver tortugas marinas cerca de la isla de Maziwe.

Nosy Mangabe, Parque Nacional de Masoala, Madagascar

Nadar en las aguas de una remota isla africana

Soledad de náufrago, aventura, contemplación

Ago-nov

Bajo el escalón de arena de la playa y me lanzo al mar para nadar algo lejos. El agua está templada, sedosa y se ve hasta el lecho marino. Si echo la vista atrás y contemplo la isla de Nosy Mangabe me doy cuenta de lo remoto que es este lugar.

La pequeña isla mide tan solo 5 km^2 y está a 3 km de la costa de Madagascar, remota ya de por sí. Para llegar a Nosy Mangabe hay que volar a la ciudad de Maroantsetra, en el continente (las rutas terrestres son infranqueables), y después tomar un barco. Flotando en el agua y pensando en el viaje realizado para llegar hasta aquí es natural acabar reflexionando sobre el lugar que uno ocupa en el mundo.

Una bellísima isla azul

Nosy significa "isla", pero *mangabe* tiene varias acepciones entre las que elegir: puede significar "muy bella" (lo cual es cierto) o "muy azul", o "un montón de mangos". En su día fue guarida de piratas, que se dejaban mensajes grabados en las piedras (las llaman "piedras postales"), y hoy forma parte del Parque Nacional de Masoala, el más grande de Madagascar, y está deshabitada (de humanos).

Es divertido explorar la zona antes de lanzarse a ese mar tentador. Hay senderos anchos y llanos alrededor de la isla, y un exigente

Dcha.: un lémur de cabeza blanca, una de las 11 especies de lémures conocidas que viven en Madagascar.

Abajo: Nosy Mangabe fue declarada parque nacional para proteger a su población de aye-ayes.

Mi experiencia

La pequeña lancha motora en la que íbamos tardó 45 min en llegar a la pequeña isla de Nosy Mangabe desde el pueblo de Maroantsetra, en el continente. Por una vez no llovía. Llegamos a la pequeña playa y fuimos a dar un paso con el guía, pero yo solo pensaba en regresar a la playa para nadar en el mar. Mientras el guía cocinaba unas brochetas de cebú en una hoguera, fuimos a bañarnos. Era idílico, con el agua tan clara y sedosa. Me puse flotando bocarriba para poder ver la orilla y las vistas del bosque tropical que cubre toda la isla. Cuando llegó la hora de salir, nos duchamos en la cascada de la playa sintiéndonos unos privilegiados por estar en un lugar tan especial.

Helen Ranger

ascenso hasta la cima (332 m). En un lado hay un pecio oxidado y un viejo faro. El guía señala los antiguos ataúdes de piedra de los betsimisaraka, guardados en una cueva para protegerlos de la lluvia y el sol. Acercarse a ellos es *fady* o tabú.

Altísimos canarium se elevan desde las raíces de los contrafuertes. Las cascadas se precipitan por los barrancos. La vegetación es densa, las rocas se cubren de musgo, hay helechos colgantes y bromelias que gozan con la lluvia casi constante. En derredor, los sonidos del bosque: los susurros del lémur de cabeza blanca, del lémur rufo blanco y negro, y del escurridizo y nocturno aye-aye se mezclan con una espléndida variedad de aves, ranas e insectos. Entre la maleza hay camaleones y geckos cola de hoja. El mar también cuenta con una llamativa fauna salvaje: las ballenas, que llegan a la bahía para parir a sus crías entre junio y septiembre.

Dcha.: un gecko cola de hoja gigante, especie nocturna endémica de Madagascar.

Pág. siguiente: la diminuta Île aux Nattes, una de las más de 250 islas que hay frente al continente.

Perderse en la contemplación

En el lado oeste de la isla, allí donde el bosque tropical besa el mar, hay una playa curva y amarilla. Una cascada brillante cae sobre la arena. Parece prístina, impoluta e inmaculada.

Se puede nadar en las aguas templadas y límpidas de la bahía de Antongil. Flotando en el agua, me paro a pensar en que esto es lo más parecido a ser Robinson Crusoe. Y en que esta isla bulle de vida, aunque aún quede mucha por descubrir.

Imprescindible

→ **Darse una ducha de agua dulce bajo la cascada de la playa.**

→ **Ver a un gecko cola de hoja.**

→ **Avistar ballenas que emergen en la bahía.**

Decídete

Cómo llegar

Hay que organizar una excursión de un día en la oficina del Parque Nacional de Masoala en Maroantsetra, la ciudad más próxima. Una lancha motora traslada al viajero directamente a la playa.

Nivel de dificultad

Mientras se pueda subir y bajar de una lancha pequeña, llegar a la isla no es difícil, y nadar allí, tampoco. El agua está templada y no hay fuertes corrientes cerca de la playa. La lluvia es habitual, incluso en temporada "seca".

Más información

La entrada al Parque Nacional de Masoala cuesta 45 000 MGA/persona y es obligatorio contratar un guía (70 000 MGA). Los traslados en barco se organizan a través del guía. Tras la playa hay una zona cubierta de acampada con una pequeña cocina, mesas de pícnic, duchas, aseos y agua corriente, pero ni tiendas ni electricidad. Más información (solo en francés) en www.parcs-madagascar.com/parcs/masoala.php.

Otras propuestas en Madagascar

Île aux Nattes

Cerca de la costa este de Madagascar está la estrecha y alargada Île Ste Marie (Nosy Boraha), y cerca de esta hay un islote llamado Île aux Nattes (Nosy Nato), solo accesible en piragua. Playas blancas curvas, palmeras colgantes (horizontales) y un mar turquesa definen bien esta exquisita escena tropical. Nadar en un lugar tan remoto como este es casi un sueño.

Imprescindible

Avistar las ballenas jorobadas que visitan la zona entre julio y septiembre.

Nosy Sakatia

Esta diminuta isla es famosa por sus orquídeas, sus bellas playas y su mar templado, y está cerca de la costa noroeste de Madagascar. Se puede ir nadando a la Reserva de Tortugas de Ambohibe, cerca de su costa sur, un lugar realmente asombroso para ver a las tortugas verdes marinas gigantes que se alimentan allí. El submarinismo y el buceo con tubo son magníficos.

Imprescindible

Ver tiburones ballena, el pez más grande del mundo, entre septiembre y diciembre.

América

Un refugio en la vida marina de Big Island

Cultura local, belleza natural, delfines

Abr-may o sep-oct

Medio sumergido, sentado sobre la suave roca de lava que le valió el apodo de Two Step (baile en pareja) a esta bahía, uno asimila la envergadura histórica del lugar. Al sur están los templos con techo de paja del Parque Histórico Nacional de Pu'uhonua o Hōnaunau, construidos como última salvación de quienes infringían las antiguas leyes. Al norte se halla una escarpada península de roca de lava, con espesa vegetación y viejas casas de madera.

Y a mis pies, una bahía azul bien resguardada de 40 m de profundidad y rodeada de coral y rocas de lava.

Con aletas

No se necesita equipo de buceo con tubo o esnórquel si solo apetece darse un refrescante chapuzón, pero el alma y la magia de este enclave se revelan a quien, bien equipado, se aleja de la orilla con la máscara de buceo puesta y los ojos bien abiertos. Aquí viven corales sanos y bancos de peces tropicales, además de tortugas verdes que duermen la siesta en las fisuras del arrecife creado por corrientes de lava fundida. Si uno se aventura más allá descubrirá que la bahía desciende hasta el lecho marino de arena, donde, a 13 m de profundidad, se lee "aloha" escrito en viejos bloques de hormigón. Y todavía es la zona poco profunda. Más allá, donde el agua se oscurece, se ven apneístas expertos sumergidos a pleno pulmón que parecen sirenas entrenándose.

Dcha.: en las aguas de Hawái viven cinco especies de tortuga, incluida la tortuga verde.

Abajo: los arrecifes, la rica vida marina y las formaciones de lava hacen de Hawái un paraíso del esnórquel.

© Karin Wassmer/Shutterstock; Lopolo/Shutterstock; MZ Photos/Shutterstock

Mi experiencia

Había nadado unos 10 m cuando oí un ruido extraño, pero no era un delfín. Era una mujer que se movía despacio, sin salpicar, canturreando una melodía más propia de un alienígena que de un mamífero marino. Ya la había visto en la playa, donde atrajo la mirada burlona de un grupo de habituales. No era una turista, y me pregunté por qué la miraban así. Ahora era evidente. La mujer creía poder hablar con los delfines. Para ser claro, es una idea del todo absurda y demencial. No había un solo delfín a la vista, pero ella continuó tarareando segura de que iban a venir. Y vinieron. Primero llegó uno, luego tres, y luego una manada de 20 delfines. Durante varios minutos nadaron a su alrededor y por debajo de ella, y también a mi alrededor. Ahora sé que cuando alguien dice que habla con los animales, en general hay que creerle.

Adam Skolnick

Izda.: tiburón de arrecife al acecho de algún pulpo agazapado entre los corales.

Pág. siguiente: la bahía de Kailua. Su nombre significa "dos mares o corrientes", en hawaiano.

Imprescindible

→ **Las vistas en el ascenso al monumento del Capitán Cook, al norte.**

→ **La costa de Kona al atardecer, con el cielo teñido de naranjas, violetas y azules.**

→ **Bucear de noche con mantarrayas cerca del aeropuerto de Kona.**

Nadadores expertos

El lecho marino de arena está lleno de agujeros por donde rondan los tiburones de arrecife de punta blanca. Pero que no cunda el pánico si se divisa una aleta surcando el agua: si no es un tiburón de arrecife (suelen ser inofensivos), lo más probable es que se trate de un delfín girador.

La bahía de Hōnaunau es famosa por la manada de delfines que la visita casi todas las mañanas. Sus miembros hacen piruetas submarinas, saltan y juguetean ante un público atónito para luego regresar mar adentro.

Refugio

Hace siglos, los fugitivos que infringían las *kapu* (las leyes sagradas hawaianas que disponían el orden social y regulaban las actividades de la agricultura y la pesca) podían encontrar esperanza en esta espectacular costa y en el área del actual parque histórico. Entonces el castigo por infringir las *kapu* era la muerte, pero si llegaban a este lugar y lo pedían, eran perdonados.

Hoy la bahía es muy frecuentada por lugareños y turistas. Hay quien se acerca en busca de nuevas profundidades, quien solo quiere desconectar, refrescarse y empaparse de la belleza natural del lugar, y quien solo necesita darse un baño y tomar una cerveza. No hay problema, siempre hay una cerveza bien fría en alguna nevera cercana.

Decídete

Cómo llegar

Desde Kailua-Kona, se toma la carretera 11 hacia el sur durante 30 km, hasta la carretera 160 (Pu'uhonua Road). Se sigue por la carretera 160 aproximadamente 8 km hasta la entrada del Parque Histórico Nacional de Pu'uhonua o Hōnaunau, encarado a la bahía.

Nivel de dificultad

Es una bahía resguardada y tranquila, pero no tiene donde hacer pie. Para disfrutar hay que sentirse seguro nadando en aguas profundas. Conviene informarse sobre las condiciones meteorológicas y las corrientes, y seguir siempre la regla hawaiana del mar: en caso de duda, no meterse en el agua.

Más información

No se paga entrada para visitar la bahía, pero sí por aparcar el coche (20 US$). El lugar está abierto todo el año, incluso los fines de semana. Hay vestuarios y lavabos públicos cerca del aparcamiento, en la misma entrada del parque. Para más información, chequéese "Two Step Beach" en la web de Hōnaunau Bay (www.bigislandguide.com/honaunau-bay-two-step).

Otras propuestas en Big Island

Kahalu'u Beach Park
Se halla al norte de la bahía de Hōnaunau y es un remanso de paz famoso por su esnórquel excepcional: se nada en un caleidoscopio de peces tropicales, junto a gráciles tortugas marinas y, con algo de suerte, algún pulpo escurridizo.

Imprescindible
Con la marea baja, recorrer la playa en busca de cristales de mar que brillan como joyas en la arena.

Bahía de Kailua
Está media hora al norte de la bahía de Hōnaunau y es popular por sus playas de arena blanca, sus aguas cristalinas y la localidad de Kailua-Kona, llena de tiendas, restaurantes y enclaves con dos siglos de historia.

Imprescindible
Visitar 'Ahu'ena Heiau, un antiguo templo hawaiano reconstruido que en su día fue el hogar del rey Kamehameha el Grande.

Aguas minerales en una cascada petrificada

Senderismo, naturaleza, rejuvenecimiento

Nov-mar

Ojalá todas las vistas a la hora de nadar fueran como las de Hierve el Agua. Este conjunto de pozas ovaladas se halla en el borde de una cascada petrificada con vistas a los picos áridos y arrugados de la sierra Madre de Oaxaca, en México. Si uno se tumba en las aguas verdes de una de estas piscinas infinitas medio naturales, medio artificiales, contemplará el cielo azul, el desierto de matorral y las vistas que se disipan poco a poco en el brumoso calor del centro del estado de Oaxaca.

Cascadas petrificadas

No, no son cascadas de verdad. Las dos cascadas sólidas de Hierve el Agua, la Cascada Chica y la Cascada Grande, se formaron por las gotas de agua rica en minerales que durante miles de años fueron cayendo por un acantilado y se petrificaron como estalactitas, por eso de lejos parece que estén congeladas. Pero esto no resta encanto ni al espectáculo ni a la experiencia.

El otro mito de Hierve el Agua es que el agua está muy caliente. No es verdad. Más bien está tibia, si bien se le atribuyen propiedades terapéuticas por los minerales que contiene: calcio, magnesio y azufre. La temperatura del agua oscila entre 22 y 27°C, pero como la temperatura diurna de la región rara vez baja de los 30°C, un baño en las pozas es más refrescante que frío.

Un mosaico de roca

Si bien las pozas más grandes no son 100% naturales, que estén talladas en la roca les da un aspecto muy realista y quedan bien integradas en el lugar. Las pozas de roca que las

Dcha.: las singulares formaciones rocosas de Hierve el Agua se crearon hace miles de años.

Abajo: manantiales naturales nutren las pozas, con vistas espectaculares a la sierra Madre de Oaxaca.

© Aleksandar Todorovic/Shutterstock; Belikova Oksana/Shutterstock; Koshkina Tatiana/Shutterstock

Mi experiencia

Tenía muchas expectativas puestas en Hierve el Agua, y el lugar no me decepcionó en absoluto. Para llegar seguí un trayecto diferente desde Oaxaca, con un largo viaje en autobús hasta Mitla, donde cambié a una camioneta más pequeña para el último trecho del camino. El viaje te prepara: carreteras con baches, autobuses abarrotados y muchísimo calor; y al llegar estaba listo para meterme en el agua, sobre todo en el borde del acantilado a 50 m de altura. Mucha gente se queja de que Hierve el Agua está abarrotado. Quizá yo elegí el día perfecto, pero la gente no me molestó. El lugar es bastante grande, todo el mundo lo estaba pasando bien y era fácil ir a dar una vuelta por los áridos alrededores si apetecía reflexionar en soledad.
Brendan Sainsbury

rodean forman un mosaico de agujeros sinuosos y hendiduras curiosas, y son ideales para nadar y chapotear. El agua procede de varios manantiales visibles, burbujea por pequeños agujeros de las rocas y da la impresión de estar hirviendo, de ahí el nombre del lugar.

Dejando a un lado las propiedades del agua, el entorno es lo que hace de Hierve el Agua una maravilla natural. Nadar en sus plácidas pozas sobre una plataforma en un paraje espectacular, sobre un acantilado a 50 m de altura, es una experiencia única sea cual sea el nivel del nadador. Las nubes, espectaculares, se reflejan en el agua de las pozas y el paisaje lo dominan cactus y encinas. Flotando en el borde artificial de la poza, uno puede apoyarse y admirar el panorama de valles verdes y montañas escarpadas. Incluso cuando la poza está llena de gente, se respira una gran tranquilidad.

Dcha.: de lejos, las formaciones rocosas parecen cascadas.

Pág. siguiente: el azul vivo del río Tolantongo se debe a los minerales de sus aguas.

Un lugar espiritual

Hierve el Agua es también un lugar con historia. Se da por hecho que hace 2500 años tuvo un significado espiritual para los indígenas zapotecas y que estuvo vinculado al crecimiento de los cultivos, ya que los antiguos habitantes de esta zona usaron los manantiales para crear un sistema de irrigación único en Mesoamérica: el agua se distribuía a través de canales hacia bancales agrícolas para nutrir el terreno seco. Es probable que las antiguas culturas también disfrutaran de estos baños.

Imprescindible

- **La excursión al pie de la Cascada Grande.**
- **Las vistas desde el borde de la poza principal.**
- **Quedarse a ver la puesta del sol.**

Decídete

Cómo llegar

Hay tres opciones de transporte para llegar hasta las pozas, todas ellas con salida desde la ciudad de Oaxaca: es posible organizar una excursión de un día con un operador local, tomar el autobús (con transbordo en Mitla) u optar por un taxi. El trayecto dura 1½-2 h.

Nivel de dificultad

Ninguna de las pozas es muy honda y todas son aptas aunque no se sepa nadar. No obstante, la zona no es accesible en silla de ruedas, con la pista de tierra que llega del aparcamiento llena de piedras e irregular.

Más información

La entrada cuesta 50 MXN y el recinto abre de finales de octubre a mayo, durante la temporada seca. Hay puestos de comida y lavabos públicos. Para saber más, visítese www.visitmexico.com/oaxaca.

Otras propuestas mexicanas

Grutas Tolantongo
Para nadar con vistas se puede ir al ecoparque y resort de Tolantongo, en el estado de Hidalgo. Nutridas por aguas termales, las pozas de Tolantongo tienen un brillo artificial más lujoso que Hierve el Agua. También hay un río más bravo y un par de grutas con agua caliente, túneles de vapor y cascadas. Es como un edén de la hidroterapia, propiedad de una asociación de familias locales que también se encarga de su gestión.

Imprescindible
Las estalactitas de la cueva acuática.

Aguas termales Santa Rita
Conjunto de termas naturales situado cerca de la punta sur de la península de Baja California. Están en un pequeño cañón cerca del pueblo de Agua Caliente. Un corto sendero desde el final de la carretera que pasa entre rocas y el desierto conduce a una serie de pozas de varios tamaños y temperaturas, una de ellas agradablemente templada. Aquí es factible bañarse, nadar y relajarse entre palmeras, cactus y minicascadas.

Imprescindible
Los lagartos dispersos por las rocas calientes.

Lagunas Escondidas de Baltinache, desierto de Atacama, Chile

Flotar en el desierto más seco del planeta

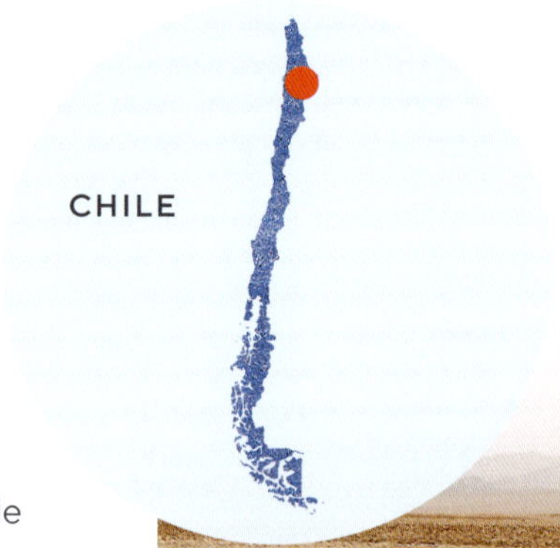

Agua salada, aventura, naturaleza pura

Sep-nov, mar-may

Se mire donde se mire, una diabólica alfombra de roca cuarteada y color rojo fuego se difumina en el polvoriento horizonte hasta donde alcanza la vista. Este paisaje alienígena, esculpido y abrasado por un viento y un sol implacables, tiene reminiscencias casi bíblicas. Su insondable inmensidad y la ausencia de vida o civilización son razón suficiente para salir pitando o plantarse con decisión y disfrutar de lo ignoto. Saber que aquí la supervivencia humana depende del agua de la niebla realza aún más la imponente sensación de haber aterrizado en el espacio exterior. Aquí la NASA pone a prueba los equipos tecnológicos de detección de vida para sus misiones robóticas a Marte.

Más allá del aislamiento extremo, este paisaje majestuoso y surreal destaca por su desgarradora belleza. Sorprende ver que la gran extensión del árido desierto de Atacama está enjoyada con un recóndito conjunto de pozas de agua esmeralda que brillan al sol, cual delicadas gotas en un océano.

Lo esencial

No hay nada artificial en estas siete pozas de color piedra preciosa. Salvo una pasarela de madera entre las rocas que marca el camino a los visitantes para que no dejen rastro tras de sí en el lugar, no hay ninguna concesión a la modernidad o al confort. Dos de las pozas son aptas para nadar y su pequeño tamaño garantiza la camaradería instantánea con las otras almas intrépidas que osen zambullirse. Salvo de diciembre a febrero, el resto del año es posible estar allí prácticamente solo. Y sea cual sea el mes, el agua está fría: tonificantemente fría un abrasador día en enero, y tan gélida en el invernal julio que, al sumergirse,

Dcha.: el alto contenido salino aporta a las pozas la flotabilidad y un color intenso.

Abajo: Atacama es el desierto no polar más seco del mundo, pese a sus pozas de agua.

© Rita_Tim/Shutterstock; Gregorio Koji/Shutterstock

Mi experiencia

He roto hielo para nadar en lagos de los Alpes franceses y visto las estrellas desde aguas termales volcánicas en Bolivia, pero ningún chapuzón ha sido tan salvaje como el de este oasis. Era invierno. La temperatura rondaba los cero grados y un viento gélido hacía imposible hablar y andar con normalidad. Llegar a las pozas fue duro. Yo tenía miedo de que la furiosa corriente que levantaba el hercúleo vendaval me lanzara contra las rocas. Me aferré al dicho de los nadadores al aire libre, que dice que "Después nunca te arrepientes", y me metí en el agua con cuidado. Respiré. Me rendí. La gélida agua azulada punzaba mi piel, traspasándome como una descarga eléctrica, y me helaba manos y pies. Y sin embargo, al ver el mar de rocas cristalinas que brillaba a mi alrededor con el rojo de la puesta del sol, sentí cómo mi alma se elevaba.
Nicola Williams

Izda.: la NASA usa el desierto de Atacama para testar el material de sus misiones.

Pág. siguiente: las salinas de Pedra Lume, en Cabo Verde, es uno de los parajes más salados de la Tierra.

todos los huesos del cuerpo piden clemencia entre jadeos entrecortados.

Imprescindible

→ **Flotar entre vistas celestiales a la puesta de sol.**

→ **Recorrer la pasarela que rodea las siete pozas.**

→ **Quitarse la sal después con agua dulce.**

La sal de la vida

Y entonces llega la magia. Salvo por el chapoteo del agua y el grito ocasional de algún bañista, el silencio se impone. Una costra de sal perlada bordea la laguna topacio y un glaseado de cristalitos de sal brilla bajo el sol en las rojizas llanuras rocosas.

Estas pozas nacieron con un movimiento tectónico hace millones de años. Mientras una se refresca en ellas, es alucinante pensar (cuando se ataja la imperiosa necesidad de flotar bien en el agua, porque es tan salada que rivaliza con la del mar Muerto) en su epopeya geológica desde que fueron océano hasta quedar reducidas a los charcos actuales. Una señal en la entrada advierte de que el agua salada no debe entrar en los ojos: lo mejor es hacer el muerto, tumbado bocarriba con las piernas abiertas.

Un viaje en el tiempo

Flotar sin esfuerzo en una poza salina bajo la bóveda celeste y en medio del silencio permite "escuchar" el vuelo de las aves. Una se siente inmersa en la quietud del lugar. El trepidante recorrido hasta este árido desierto –una desolada carretera polvorienta por el valle de la Luna y la espina volcánica de la cordillera de la Sal– traslada al viajero a una época que existió antes de que Eva mordiera la manzana y la humanidad se entrometiera en la naturaleza. Es un viaje extraordinario y apasionante.

Decídete

Cómo llegar

Se necesita un todoterreno para recorrer la carretera sin asfaltar y llena de baches (la B-241) que va a las Lagunas, 50 km al suroeste de San Pedro de Atacama (aprox. 2 h).

Nivel de dificultad

Los días calurosos y tranquilos, cuando las pozas parecen espejos, el baño es agradable para adultos y niños. No se permite usar crema solar, así que hay que cuidar de no quemarse. En invierno los fuertes vientos y el agua gélida convierten al baño en un reto.

Más información

No hay que confundir las Lagunas Escondidas de Baltinache con la turística laguna Cejar y sus hermanas de Baltinache y Piedra, 20 km al sur de San Pedro. El recinto cierra cuando llueve o hace mal tiempo. La entrada cuesta 10 000 CLP e incluye el uso de los aseos y las mesas de pícnic; las duchas están en construcción. Hay que llevar garrafas de agua para enjuagarse después (o marcharse con una capa de sal puesta), toalla, bebida, tentempiés y ropa de abrigo.

Otras propuestas muy saladas

Salinas de Pedra de Lume, Cabo Verde

La isla de Sal, en Cabo Verde, está bordeada por playas de arena blanca, pero la laguna interior, en el cráter de un volcán extinto, es lo que atrae a los bañistas. Con el agua más salada de la Tierra después de la del mar Muerto, las salinas de Pedra de Lume, que datan de 1833, son como un tablero de ajedrez de resplandecientes salinas blancas y rosadas.

Imprescindible

Ducha tras el baño y paseo panorámico alrededor del cráter.

Lac Retba, Senegal

También conocida como lago Rosa, esta laguna salvaje 35 km al noreste de la capital senegalesa, Dakar, se vuelve rosa gracias a unas inofensivas microalgas que proliferan en sus profundidades salinas. Mientras los pescadores, a bordo de canoas de madera, recogen sal del lecho, los bañistas flotan en el agua almibarada y salen muy salados. Después se enjuagan en un manantial natural.

Imprescindible

Ir en temporada seca (ene), cuando el Lac Retba se ve más rosa.

Sumergirse en una reserva en la costa de California

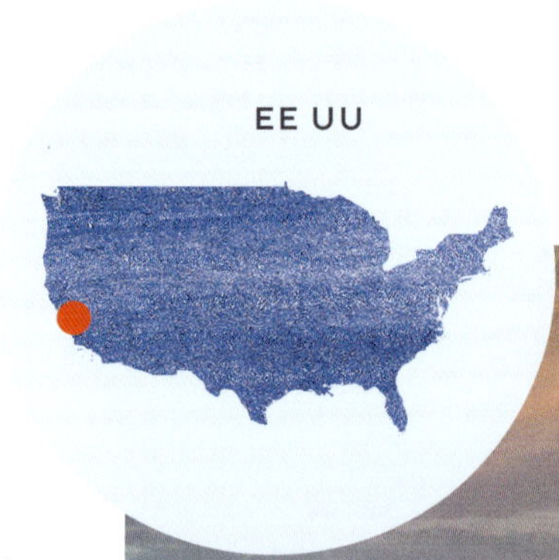

Historia de California, belleza natural, mamíferos marinos

Sep-nov

Monterrey "es un poema, [...] una cualidad de la luz, una tonalidad [...], una nostalgia, un sueño", escribió John Steinbeck. Sentado en un banco del parque, en los acantilados, con vistas a una de las costas más espectaculares del mundo, es difícil contradecirle. Las rocas se elevan sobre un lecho de arena blanca húmeda. Mar adentro, un montón de nutrias marinas se aferran a las algas. Más cerca, focas comunes retozan sobre las rocas y se sumergen en busca de crustáceos en una cala cristalina acurrucada entre Lover's Point y lo que localmente se conoce como Otter Point.

Pero esta belleza no es solo para contemplar. Hay que observar la corriente, planear la entrada y salida, enfundarse el neopreno, recorrer descalzo el sendero que lleva a la playa y fundirse con la naturaleza.

Una bahía viva

La península de Monterrey, que sobresale de la costa californiana como un puño enjoyado, siempre ha atraído a los marinos. Es el hogar de más de 500 especies de peces, 36 de mamíferos marinos (incl. ballenas jorobadas y ballenas grises que migran) y 180 de aves marinas. Algunas de ellas van en busca de los nutrientes que emergen de un cañón submarino a 3,2 km de profundidad que, además, mantiene frescos tanto el aire como el agua de la superficie, incluso en verano.

Otras especies van para zamparse a las que buscan nutrientes. Toda la

Dcha.: una foca común merodea por un bosque de algas, presente a lo largo de toda la costa de California.

Abajo: una ballena jorobada se sumerge a la puesta de sol en la bahía de Monterrey.

Mi experiencia

El agua estaba tan rosada como el cielo del amanecer cuando empecé a nadar desde la playa, algo inquieto. Hacía poco, se habían producido dos ataques de tiburones (los primeros en décadas) en Lover's Point, cerca de donde nadaba, y el agua estaba muy fría. Pero recuperé el aliento y cogí ritmo. Al momento me vi entre nutrias, con pelícanos y cormoranes que me sobrevolaban. Respiré hondo y bajé con las aletas hasta 13 m de profundidad, donde jugué al escondite con una foca en un gigantesco bosque de algas. Emergí, nadé en paralelo a la orilla un rato y volví a sumergirme. Vi otra foca moteada, y luego otra. Había peces y crustáceos por todas partes. El mundo submarino siempre es un lugar salvaje, pero incluso en las mejores ocasiones rara vez es tan fecundo como este. Supongo que por eso esta bahía es una reserva.

Adam Skolnick

naturaleza salvaje forma una gran cadena alimentaria y el Monterey Bay National Marine Sanctuary, fundado en 1992 para proteger este ecosistema, no es una excepción. Se extiende desde Big Sur hasta Cambria por el sur, y al norte hasta Marin County, en el extremo de la bahía de San Francisco, así que es más grande que el Gran Cañón. Para explorarla entera se necesitaría toda una vida, pero un breve chapuzón en sus rincones más accesibles ya resulta inolvidable.

Dcha.: el Monterey Bay Aquarium alberga especies locales como las ortigas del Pacífico.

Pág. siguiente: el Lover's Point Park es un lugar popular para nadar desde el s. XIX.

Normas de conducta

Para nadar junto a mamíferos marinos hay que seguir unas normas. No hay que hacerlo directamente hacia ellos; son ellos los que tienen que acercarse, y es importante cederles mucho espacio. La visibilidad de la zona es excelente, por lo que no hace falta acercarse mucho, y el espacio no es un problema cuando se está algo lejos de la costa... hasta que una mamá nutria se acerca nadando de espaldas con su cría acurrucada en el pecho. Más allá de los bosques de algas nadan las ballenas barbadas, las orcas y los grandes tiburones blancos. Saber que andan por ahí aterra y emociona a la vez, y cuando ese "subidón" de endorfinas se combina con el efecto que el agua fría produce en la presión sanguínea, uno emerge renovado, con energía y muy relajado. Basta un baño estelar para que todo a tu alrededor se vuelva radiante.

Imprescindible

→ **Fascinarse ante las medusas del Monterey Bay Aquarium**

→ **Retroceder en el tiempo con un paseo por Cannery Row, antiguo centro de la industria pesquera**

→ **Sacar fotografías desde la espectacular 17-Mile Drive en Pebble Beach**

Decídete

Cómo llegar

En la Highway 1 se toma la salida de Pacific Grove. Se sigue por Ocean View Boulevard a través del Lover's Point Park hasta ver la pista de tierra que bordea los acantilados y llega a la playa de abajo.

Nivel de dificultad

Las condiciones de la bahía de Monterrey (sobre todo en el lado sur de Lover's Point) pueden ser, como mínimo, muy variables. El agua suele estar tranquila y cristalina, pero si el viento arrecia, hay tormentas en alta mar o crece el oleaje, el mar se embravece. Desde los acantilados la accesibilidad se complica para las personas con movilidad reducida. En el 2022 hubo dos ataques de tiburones (un herido y ninguna víctima mortal), pero el mayor peligro es el frío: si no se es un nadador experimentado en aguas frías, lo mejor es usar un neopreno grueso.

Más información

No se paga entrada para ir a la playa en Monterrey. Los aseos más cercanos están en el vecino Lover's Point Park, y hay un café y duchas en la playa de Lover's Point. Más información en www.seemonterey.com

Otras propuestas en Monterrey

Lover's Point
En Pacific Grove, Lover's Point tiene un parque con amplias zonas verdes (ideal para pícnics) y cipreses azotados por el viento, un café sencillo y una cala resguardada con un muelle para nadar.

Imprescindible
La panorámica ruta ciclista que va desde Monterey Wharf hasta Pacific Grove, con espectaculares vistas al océano por todo el camino.

Monterey Marina
Unos 3 km al sureste del Lover's Point Park, en el pintoresco Monterey Bay Coastal Recreational Trail, se halla el muelle del Monterey Marina, donde se congregan buceadores y leones marinos. No hace falta botella de oxígeno para disfrutar de la playa de arena vecina y de una bahía rebosante de vida marina.

Imprescindible
Ver orcas y ballenas jorobadas en un circuito por la bahía de Monterrey.

Lago Cassel, Columbia Británica, Canadá

En barco a un (muy) remoto parque marino

Cascadas, excursionismo, navegación

Jun-sep

Cuentan que, en 1792, después de inspeccionar el extremo norte del mar de los Salish, el capitán George Vancouver mandó levar el ancla, decepcionado ante lo que vio. Consideró que aquel era un lugar desolador, "sin ni una sola perspectiva agradable a la vista ni la más mínima atracción en la orilla", y lo llamó Desolation Sound (fiordo o estrecho de la Desolación).

A los visitantes de esta extensa zona de ensenadas, islas y calas entre la isla de Vancouver, en la Columbia Británica, y el continente, esta cita les dejará perplejos. La región es un paraíso de la navegación y el remo, famosa por sus aguas claras, fondeaderos seguros, exuberante bosque pluvial templado, cautivadoras cordilleras que se alzan sobre el mar y abundante vida marina (orcas, águilas calvas y focas incl.).

Y en cuanto a lo de que no hay atracciones en la orilla, está claro que Vancouver no se dio el capricho de nadar en las templadas aguas de los remotos lagos de la región, accesibles solo en barco.

Una cascada de bienvenida
Aunque hay pequeños lagos de agua dulce por todo el Desolation Sound, el más espectacular es el lago Cassel. Se sabe que se ha llegado al lugar correcto al divisar la cascada Cassel (o Teakerne Arm), de 30 m de altura, que se precipita directa al mar desde el acantilado. Es la entrada al Teakerne Arm Provincial Park, a medio camino de la isla Redonda Occidental. Después de fondear en las

Dcha.: el mayor parque marino de la Columbia Británica, el Desolation Sound, es ideal para el kayak.

Abajo: el parque está repleto de islas y tiene más de 60 km de costa.

Mi experiencia

La primera vez que fui al lago Cassel era una adolescente taciturna de 16 años que iba de veraneo. En aquella época estaba segura de que no había peor suerte que estar atrapada con mi familia en un barquito en un lugar con la palabra "desolación" en su nombre. Ni echar el ancla junto a una preciosa cascada que caía directa al mar ayudó. Tampoco la cambió ir de excursión entre reliquias históricas de la explotación forestal; pero en cuanto vi el lago quedé fascinada. Tuvieron que pasar 5 años hasta que me lancé a nadar en él –en unas vacaciones familiares a las que me apunté con entusiasmo–, pero en aquel primer momento el Desolation Sound ya se ganó un rinconcito en mi oscuro corazón de adolescente.

Jessica Wynne Lockhart

Izda.: el parque y el lago Cassel, en la isla Redonda Occidental, solo son accesibles en barco.

Pág. siguiente: el plácido lago de agua dulce Unwin, en Redonda Occidental.

Imprescindible

→ **Lanzarse al agua desde un columpio de cuerda.**

→ **Posar para la foto en lo alto de la cascada Cassel.**

→ **Ver estrellas de mar púrpuras en los bajíos del océano al atracar.**

profundas aguas de la cala hay que remar en bote al pequeño embarcadero de la orilla. Luego hay que emprender un breve ascenso (1 km) a pie hasta el lago, donde nace la cascada. Por el camino se ven reliquias oxidadas de la silvicultura de antaño, incluido un "burro de vapor" (un cabrestante impulsado por vapor) y cables viejos. Ahora el bosque está en paz y carece de industria. Al no existir acceso por carretera hasta el lago o la isla, solo se tendrá la compañía de otros barqueros.

Remoto y bello

Al destino se llega sudado, así que apetece zambullirse enseguida. Por suerte, son aguas profundas y ofrecen mucho más que un chapuzón. Las grandes orillas rocosas se adentran en el oscuro lago con cuerdas anudadas que, atadas a los árboles, ayudan a entrar y salir del agua. Y pese a su profundidad, este pequeño lago permanece templado en verano, por lo cual es posible merendar en la orilla y nadar durante horas. Si a esto se le suman los columpios de cuerda para lanzarse al agua, el resultado es un sueño infantil hecho realidad: una isla de diversión para jugar y chapotear en libertad, sin un alma alrededor.

Al final, al capitán Vancouver hay que concederle el beneficio de la duda: quizá no veía bien, o quizá tenía un mal día. O quizá, en 1792, la rara oportunidad de disfrutar de una zona natural en soledad no era algo tan preciado como lo es ahora.

Decídete

Cómo llegar

El lago Cassel está en la isla Redonda Occidental, accesible solo en barco, con un circuito organizado o por libre. Se puede navegar a vela o con motor hasta el Teakerne Arm Provincial Park desde Lund, en la Sunshine Coast, o desde Squirrel Cove, en la isla de Cortés. La profundidad de la cala dificulta echar el ancla, y quizá haya que tender cabos de popa hasta la orilla. Luego empieza la excursión al lago.

Nivel de dificultad

La corta excursión al lago exige buen estado de forma y saber nadar bien: el agua es profunda y no hay donde hacer pie. Entrar y salir del agua cuesta porque el terreno es resbaladizo, pero las cuerdas atadas a los árboles hacen que resulte más fácil.

Más información

No hay instalaciones en el Teakerne Arm Provincial Park. Para aprovisionarse y repostar, los sitios más próximos son Refuge Cove, en el extremo sur de la isla Redonda Occidental, y Squirrel Cove en la isla de Cortés. Ambos son sitios populares para pasar la noche. Más información en bcparks.ca/explore/parkpgs/teakerne/.

Otras propuestas en lagos de Canadá

Lago Negro
En el lado este de la isla Redonda Occidental, el Black Lake (lago negro) se halla dentro del Roscoe Bay Provincial Park. Es un destino muy popular entre los aficionados a la canoa y el kayak, y el agua está igual de templada que en el lago Cassel. También como en el Cassel, aquí no hay playas de arena: hay que usar las cuerdas para entrar y salir del agua.

Imprescindible
Ver las miles de medusas luna que se congregan en las aguas de la bahía los meses de verano.

Lago Unwin
Si apetece seguir disfrutando de las aguas templadas de la zona se puede ir al lago Unwin, a 10 min de paseo desde el Desolation Sound Marine Provincial Park, más grande que el lagos Cassel y Black pero que ofrece una experiencia muy similar.

Imprescindible
Pasar la noche de acampada en la bahía de Tenedos, que tiene un lavabo publico y sitio donde plantar la tienda.

Un arcoíris líquido en Colombia

Cascadas, colores, frescor

Ago-oct

Escondido en una zona aislada de Colombia hay un conjunto de ríos, arroyos y cascadas remotas conocido como "El río de los cinco colores" o "El arcoíris líquido". Verlo es mágico; nadar allí, casi trascendental.

Un lugar sin igual

El río Caño Cristales y sus afluentes son el resultado de un fenómeno biológico único en el mundo que tiene lugar durante unos meses entre julio y noviembre, cuando una planta endémica llamada macarenia clavígera se vuelve de color rosa rojizo. Este proceso transforma el río de aguas cristalinas en un torrente rosado que contrasta maravillosamente con el color miel del lecho. Si a eso se le suma el azul del cielo y el verde de la vegetación circundante, podría asegurarse que se trata de la octava maravilla del mundo natural.

Hasta hace poco, toda esta región era inaccesible debido a la presencia de las guerrillas de las FARC. Sin embargo, desde principios de la década del 2010 es posible visitar este ecoparque tan protegido en pequeños grupos organizados. La recompensa es inmensa: excursiones por un paraje rico en flora, una jungla poco visitada y un río tan fantástico que parece que uno se bañe en las páginas de un libro de Roald Dahl.

Paraíso protegido

Gracias a su recóndita ubicación y al sistema de control de acceso, visitar Caño Cristales todavía se siente como un privilegio. Cuidadas a consciencia por las autoridades del parque, estas aguas burbujeantes e intrépidas tienen un aspecto prístino y

Dcha.: el río debe sus colores psicodélicos a una planta acuática que se vuelve de color rosa rojizo cada año.

Abajo: la transformación solo se da durante unos pocos meses al año, entre julio y noviembre.

Mi experiencia

Fui a Caño Cristales con la mente abierta. Había oído hablar mucho del lugar y de su impresionante río, pero creía que los comentarios más entusiastas eran bastante exagerados. Y no lo eran. Tras llegar en avión desde Bogotá, me uní a un pequeño grupo excursionista con seis colombianos y un guía veinteañero. Los tres días siguientes los pasamos nadando como nunca. Nuestro primer remojón fue un chubasco tropical. A partir de entonces, todo se volvió cada vez más sublime. Los ríos eran únicos, de mil colores y preciosos de contemplar. Y poder nadar en ellos era un absoluto placer. Lo mejor fue dejarse arrollar por el tsunami de agua y espuma de la poderosa cascada de los Cuarzos. Sé que nunca volveré a darme una ducha como aquella.

Brendan Sainsbury

edénico: no hay más que ver a los bañistas, que sonríen incrédulos al contemplar las extrañas formaciones rocosas y los colores psicodélicos.

Se permite nadar en el río en zonas designadas, siempre y cuando se sigan las estrictas normas del parque nacional, impuestas para proteger los delicados ecosistemas acuáticos de la región. Está prohibido el uso de cremas solares, perfumes, repelentes de insectos y botellas de plástico, entre otras medidas.

Una cascada espectacular
La zona más increíble es la cascada de los Cuarzos, un caudaloso salto de agua del Caño Cristales. Se puede trepar bajo cientos de litros de agua torrencial por un saliente estrecho detrás de la imponente cascada, para después despejarse saltando a una de las pozas de brillo dorado que hay al otro lado.

A medida que el río desciende a través de un mosaico de cascadas y agujeros cilíndricos en la roca conocido como Los Ochos, llena de agua otra poza idílica llamada la "piscina del Turista", un ensanchamiento natural del río que parece un minilago, lo suficiente profunda como para hacerse unos largos si se logra vencer a la corriente. Al final de una calurosa caminata de las que hacen sudar, los grupos de visitantes se reúnen aquí para refrescarse, relajarse en las aguas multicolor y maravillarse con las vistas.

Dcha.: el río tiene varias cascadas a lo largo de sus 100 km de recorrido.

Pág. siguiente: las aguas cristalinas del río Amazonas cerca de Puerto Nariño.

Imprescindible

- **La imponente ducha de la cascada de los Cuarzos.**
- **Los vivos colores del tramo del río conocido como El Tapete.**
- **Las pozas de Los Ochos.**

Decídete

Cómo llegar
Caño Cristales tiene difícil acceso por tierra y casi siempre se visita en una excursión organizada con vuelos chárter entre Bogotá/Medellín y La Macarena.

Nivel de dificultad
La excursión incluye tramos de dificultad moderada que se complican por el calor (está prácticamente sobre el ecuador). La oferta para nadar es muy variada. La cascada de los Cuarzos, con salientes estrechos y agua que cae con fuerza, es la parte más difícil (pero es opcional). La zona no es accesible en silla de ruedas.

Más información
Al parque nacional solo se puede acceder en un circuito guiado, de julio a noviembre, y hay que pagar 53 000 COP y reservar con antelación. Si bien las zonas de nado son totalmente salvajes, hay un café rústico y lavabos públicos a unos 600 m de la piscina del Turista. Para más información, visítese www.ecoturismomacarena.com.

Otras propuestas dulces colombianas

Lago Tarapoto
Cerca del poblado ecológico de Puerto Nariño, en la Amazonia colombiana, esta resplandeciente laguna selvática se nutre del Amazonas y está habitada por delfines rosas y pirañas. Las excursiones al lago a bordo de pequepeques (canoas de madera) desde Puerto Nariño son muy populares, y a veces es posible nadar en el lago, pero bajo la supervisión de un guía. Los mordiscos de las pequeñas sardinas del lago son inofensivos, ¡pero las pirañas son otra cosa!

Imprescindible
Los enormes nenúfares victoria regia.

Río Magdalena
El río más largo de Colombia presenta uno de sus tramos más interesantes alrededor de los pantanos de Mompox, una ciudad bien conservada de la época colonial a 6 h en autobús de Cartagena. Pequeños barcos a motor llevan por el río y sus lagos en cruceros de 3 h, a última hora de la tarde, que combinan nado y observación de aves. No hay nada como sumergirse en sus aguas templadas y con el sol cayendo sobre los vastos humedales.

Imprescindible
Los cormoranes y las garzas.

Lago Superior, Minnesota, EE UU

El mayor lago de agua dulce del mundo

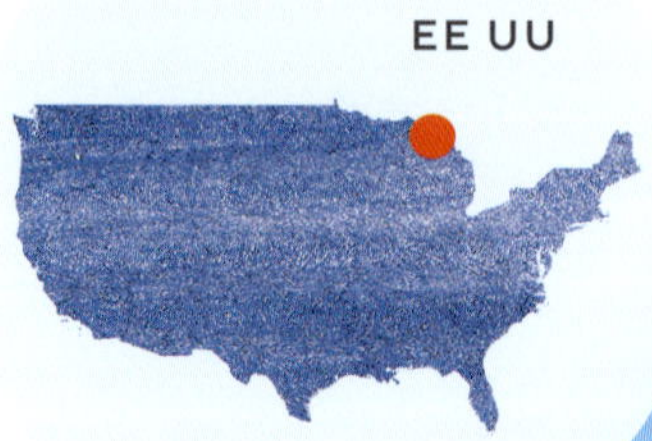

Agua dulce y cristalina, cosquilleo en la piel

Jul-sep

"Nadar" es un verbo muy fuerte para describir lo que un ser humano puede hacer -con precaución y brevemente- en medio de un mar interior cuya temperatura media anual en superficie es de 4°C. "Estimulante" es el adjetivo que se me viene a la mente al pensar en ello.

El Lago Superior, con 82 100 km^2, es la mayor masa de agua dulce por superficie del mundo. Limita con tres estados de EE UU y una provincia de Canadá, y tiene casi el tamaño de Austria. En línea recta, sus 4387 km de costa se alargarían de Nueva York a San Francisco y un poco más allá.

Estas medidas tan ingentes tienen sus ventajas. En un lago de este tamaño son muchas las playas vacías a descubrir. Algunas de ellas son de arena amarilla; otras, de basalto liso del tamaño de un panqueque, riolita y preciadas ágatas; y muchas otras son simples salientes de granito.

Placer primitivo

Hay un dicho que reza: "El lago Superior no entrega a sus muertos". Suena macabro, pero es cierto. El agua de este lago está tan fría que las bacterias necesarias para hacer flotar un cadáver no pueden vivir en ella. Durante 10 meses al año, a menos que se use un neopreno bien grueso o se sea discípulo de Wim Hof "Iceman", capaz de

Dcha.: kayaks entre bloques de hielo remando junto al "Miners Castle", una roca del lago Superior.

Abajo: la orilla del enorme lago Superior tiene una longitud impresionante: 4387 km.

© Dennis Jacobsen/Shutterstock; JFunk/Shutterstock; John McCormick/Shutterstock; LIKE HE/Getty Images

Mi experiencia

Me gusta nadar en Park Point por la mañana tras un caluroso día de agosto, cuando el aire y el agua alcanzan su temperatura máxima. Me encamino a la playa vacía antes de que amanezca. Bajo el brillo rosado del alba, es casi imposible saber dónde termina el lago y empieza el cielo. El agua es más un "baño de hielo" que una "bañera calentita". Entro poco a poco, dando tantas brazadas como puedo antes de que sea el momento de volver. Ya en la orilla, me templo con el sol naciente, más despierta que nunca.
Stephanie Pearson

Izda.: el primer puente transportador de EE UU, el Aerial Lift Bridge, se construyó en 1905.

Pág. siguiente: Las cascadas del Upper Bridal Veil, en el Pictured Rocks National Lakeshore, Míchigan.

permanecer 112 min en una bañera llena de hielo, "nadar" en el lago Superior se reduce a entrar con el agua hasta las pantorrillas, agacharse rápido para mojarse la cara, soltar un grito primitivo y salir corriendo.

Casi todos los años, la única época en la cual es posible nadar es entre julio y septiembre, cuando la superficie del lago casi alcanza los 15°C. Un buen sitio para probarlo es al final de Park Point, un tramo de 11 km de arena dorada conocido como "el mayor banco de arena en agua dulce del mundo". Sobresale en perpendicular a la montañosa Duluth, Minnesota, situada en el extremo suroeste del lago.

Un chapuzón frío, frío

Lo mejor es bañarse en el lago un día tranquilo de mediados de agosto, cuando la temperatura es más alta. La playa que hay cerca de Park Point es tan poco profunda que es posible andar 50 m sin algas ni lodo, con el agua a la altura de la cintura. Una inmersión lenta da tiempo al cuerpo para acostumbrarse al frío. Cuando el agua llegue al pecho, hay que sumergirse y nadar con brazadas fuertes y eficientes para mantenerse a flote. Aparte de un par de barcos allá en el horizonte, apenas hay obstáculos en este vasto mar interior, lo cual permite disfrutar del rítmico movimiento de las olas y el cosquilleo que recorre todo el cuerpo. Puede que solo se aguante unos minutos en el agua, pero son suficientes para sentirse revigorizado y lleno de vida para el resto del día.

Imprescindible

→ **Calentarse al sol en la arena.**

→ **Ver pasar barcos de 300 m de eslora bajo el Aerial Lift Bridge de Duluth.**

→ **Un helado de caramelo salado de la Love Creamery, en Canal Park.**

Decídete

Cómo llegar

La Duluth Transit Authority (DTA) opera autobuses cada hora desde el centro de la ciudad hasta Park Point a diario, del 27 de mayo al 4 de septiembre. Desde el autobús hay 10 min de paseo por las dunas de arena hasta la playa del lago Superior.

Nivel de dificultad

Dada la bajísima temperatura del agua y la presencia ocasional de corrientes de resaca, este es un lago solo apto para nadadores expertos. Hay que nadar en paralelo a la orilla y no meterse en el agua si hay olas grandes. Conviene nadar siempre en compañía.

Más información

La caseta de la playa de Park Point es gratis y hay salvavidas siete días a la semana de junio al 4 de septiembre. Sus aseos son accesibles dentro del horario de apertura. El tiempo y el estado de la playa pueden consultarse en www.parkpointbeach.org.

Otras propuestas en el lago Superior

Bahía de Agawa, Canadá
La zona de acampada Agawa Bay Campground, en el Lake Superior Provincial Park, en Canadá, al otro lado del gran lago, tiene una playa de arena de 3 km. Se puede plantar la tienda ante espléndidas vistas del lago y después darse un chapuzón. No hay servicio de salvavidas, y la temperatura del agua nunca supera los 10°C: hay que usar neopreno.

Imprescindible
Buscar ágatas entre la gran cantidad de guijarros que forman la playa.

Pictured Rocks National Lakeshore, EE UU
En la península Superior de Míchigan, este parque tiene acantilados calizos que se alzan sobre aguas turquesas. La Sand Point Beach, en las afueras de la ciudad de Munising, en el borde suroeste del parque, está arropada por la bahía de Munising; como resultado, el agua no cubre tanto, hay menos olas y la temperatura del lago alcanza los 15°C.

Imprescindible
Tras el chapuzón, una excursión junto al sombreado y fresco arroyo Munising hasta una cascada de 15 m.

Sumergirse en un misterioso abismo oculto

Rapel, geología, vistas submarinas

Todo el año

Si existiera un lugar para ubicar la fuente de la juventud, sería la pequeña localidad de Bonito, en el estado brasileño de Mato Grosso do Sul. Esta zona, al borde de los famosos humedales del Pantanal, alberga algunos de los parajes más espectaculares del país para nadar en agua dulce. Hay ríos y cuevas de aguas cristalinas que se filtran a la perfección por el lecho de roca caliza. Entre ellos se alzan bosques llenos de guacamayos, ibis, osos hormigueros y otros animales.

En este paisaje paradisíaco el pozo al que ir a nadar es el Abismo Anhumas. Fue descubierto por accidente tras un incendio forestal en la finca Anhumas en 1970, y hoy es uno de los sitios más memorables del continente sudamericano. Quien sueñe con sentirse como un espeleólogo de verdad –con el plus de un refrescante chapuzón–, disfrutará de lo lindo con esta experiencia.

El descenso

"Abismo" es sin duda un nombre muy adecuado para esta épica caverna acuática. Para llegar a la poza azul interior, los visitantes deben bajar en rapel 72 m de vértigo por paredes rocosas. La abertura es estrecha al comienzo y se baja pegado a los lados, pero luego se ensancha en un enorme abismo que muestra algunas de las obras de arte subterráneo más increíbles de la madre naturaleza.

Dcha.: en Mato Grosso do Sul abundan los sitios de agua dulce para nadar, incluidos ríos y cascadas.

Abajo: este estado es rico en maravillas naturales en la superficie, como la Boca da Onça.

Mi experiencia

Lo primero que me sorprendió al bajar al Abismo fue lo grande que era. Me sentía diminuta, colgando de una cuerda en un lugar hecho para gigantes. Miles de años de piedra goteando de los muros ridiculizaban mil años de vida en este planeta. Una mirada bajo el agua me reveló un mundo nunca visto antes, con la luz envolviendo las formaciones rocosas. Fue como si alguien me hubiera arrojado a un *matrix* espacio-temporal mientras ajustaba la configuración de la realidad.

Bailey Freeman

Dcha.: uno de los varios ríos excepcionalmente claros que hay cerca de Bonito.

Pág. siguiente: algunos de los residentes del río Sucuri.

Ver la luz

Tras llegar a tierra firme, sobre la plataforma de llegada, hay que ponerse el traje de neopreno y saltar al lago de la gruta, de 80 m de profundidad. Ya en el agua, hay que darse un momento para flotar bocarriba y contemplar el espectáculo: el sol brilla por un único agujero de la parte superior de la cueva, formando una columna de luz tan definida que casi parece posible tocarla. A medida que pasa la tarde, la luz se abre camino por la caverna y descubre nuevos secretos: estalactitas gigantes que cuelgan de las paredes y rincones ocultos con formaciones de roca tan orgánicas que se diría que están vivas.

Tras disfrutar del entorno, la atención se centra en el agua, que resplandece bajo la escasa luz del sol con un brillo azul intenso y revela pequeños peces que mordisquean bocados imperceptibles caídos del cielo como confeti.

Ahí abajo

Quizá lo más impresionante de nadar en el Abismo sean sus estalagmitas submarinas, que parecen de otro mundo, formadas por miles de años de piedra caliza hundida en el suelo por las gotitas que caen del techo. No tienen el aspecto de vela medio derretida que suelen tener las estalagmitas de fuera del agua; estas son conos lisos abovedados y su forma recuerda más a las torres de Angkor Wat. La más grande mide 20 m de altura, una escala difícil de concebir mientras se flota en la superficie admirando a los colosos de debajo.

Imprescindible

→ **Ver de cerca las paredes de la cueva a bordo del bote hinchable.**

→ **Contemplar las estalagmitas del Abismo con gafas de esnórquel.**

→ **Dejar que los diminutos peces de la caverna acaricien las piernas.**

Decídete

Cómo llegar
Hay vuelos directos a Bonito desde São Paulo los domingos y los jueves. Otra opción es volar a Campo Grande (capital regional de Mato Grosso do Sul), alquilar un coche y conducir 3½ h hasta Bonito. El Abismo Anhumas está a media hora al volante desde el centro de Bonito. También se puede alquilar una bicicleta en la ciudad para ir al Abismo (23 km en cada sentido).

Nivel de dificultad
Para nadar es un sitio fácil, pero la experiencia no es recomendable si se tiene miedo a las alturas. El descenso y el ascenso a la cueva se hace con un cabrestante eléctrico, por lo que todo el mundo puede acceder a la poza.

Más información
Existen circuitos con diferentes opciones. El que incluye toda la tarde en el lugar cuesta 1270 BRL, y el de buceo, 1690 BRL. Para más información, visítese www.abismoanhumas.com.br.

Otras baños 'bonitos'

Río Sucuri

Otra oportunidad para sumergirse en las aguas cristalinas de Bonito. Para nadar hay que enfundarse un traje de neopreno y dejar que la suave corriente del Sucuri conduce a una aventura subacuática de avistamiento de fauna, que maravilla por la vegetación multicolor y la gran cantidad de peces. Varios operadores de Bonito organizan circuitos a esta zona.

Imprescindible

Ver a las estrellas del espectáculo: la piraputanga de cola roja y el enorme pacú.

Boca da Onça

Si aún quedan ganas de aventura acuática se puede ir a esta granja convertida en refugio ecoturístico que tiene ocho cascadas, la más impresionante de las cuales es la más alta de Mato Grosso do Sul, con 156 m de altura (y la que da nombre a la organización). Hay varias pozas naturales para nadar, senderos excursionistas y rápel.

Imprescindible

Buraco do Macaco, una espectacular cascada dentro de una caverna donde se puede nadar en una poza que parece cambiar de color a medida que la luz del día va variando.

Nadar en cascadas bajo los brumosos Andes

Vigorizante, pozas de cascadas, ecosistemas singulares

Oct-may

En las laderas occidentales de los Andes el aire húmedo de las corrientes del Pacífico se condensa y crea un ecosistema diverso y desconcertante: un mundo perdido entre nubes perpetuas y vegetación perenne, repleto de cascadas y pozas recónditas.

Los bosques nubosos representan solo el 1% de la foresta del mundo, pero están considerados uno de los ecosistemas con mayor diversidad biológica. En Ecuador un corredor de este bosque fresco y húmedo recorre casi todo el país a lo largo; un paisaje excepcional envuelto en niebla donde rara vez se superan los 22°C y se registran 6000 mm de precipitación al año.

Nadar en el bosque nuboso es de lo más estimulante. Recorrer uno de los ecosistemas más ricos del mundo y después empaparse de todo el entorno en la poza de una cascada es muy vigorizante; un momento que invita a hacer una pausa y a sentirse inmerso de lleno en este mundo tan verde donde la selva tropical se mezcla con las montañas.

Exploración arbórea

Los viajes por las reservas de bosques nubosos de Ecuador están muy regulados y la mayoría de los visitantes se alojan en albergues remotos, cuyos expertos guías ayudan a desvelar el territorio. Para explorar la zona por libre hay que ir a Mindo, el "pueblo en las nubes", con *ecolodges* y albergues.

El teleférico amarillo Tarabita, 7 km al sureste de Mindo, propulsado por el motor de una camioneta Nissan del 2002, lleva por encima del dosel arbóreo hasta la Reserva Ecológica de Nambillo.

Dcha.: el bosque nuboso de Ecuador al alba; una imagen ilustrativa.

Abajo: Mindo, en los Andes, es una de las regiones con mayor diversidad biológica del planeta.

© Kseniya Ragoz na/Getty Images; SL_Photography/Getty Images; Matthew Williams-Ellis/Getty Images

Mi experiencia

En la Reserva de Mashpi, 60 km al noroeste de Mindo, un guía me llevó por pendientes empinadas y fangosas, con la ayuda de unas cuerdas y una escalera metálica atornillada a las rocas húmedas, hasta una recóndita cascada envuelta en vegetación. Tras empaparme bajo la cascada y nadar un rato me quedé flotando bocarriba para contemplar el dosel arbóreo. Una enorme mariposa azul revoloteó como si fuera una hoja que caía. El movimiento de sus alas iridiscentes (azules por arriba y marrones por debajo) semejaba que aparecía y desaparecía una y otra vez. Cameos imprevistos como este hacen de un chapuzón en el bosque nuboso algo realmente extraordinario, un encuentro surreal "ahora me ves, ahora no me ves" que concentra toda la maravilla del lugar en un momento irrepetible.

Jo Tinsley

Izda: el colibrí de vientre rufo solo vive en Ecuador y Perú.

Pág. siguiente: Las Grietas, en Santa Cruz, Las Galápagos.

Imprescindible

→ **Disfrutar de un "concierto de ranas" en una ruta nocturna por el bosque.**

→ **Saborear las deliciosas arepas.**

→ **Visitar una de las reservas de mariposas de Mindo.**

Allí, senderos bien señalizados invitan a adentrarse en un paraje natural prístino repleto de una fauna surreal y maravillosa.

Un sendero lleva hasta la cascada Reina (6 km), un salto de agua muy alto e impresionante donde el agua llega a las rodillas. Por el camino se pueden ver escarabajos iridiscentes, colibríes brillantes, socrateas o "palmeras que caminan" con raíces en forma de zancos y lianas que se enredan en los árboles y forman puentes para la fauna arbórea.

Perseguir cascadas

Si se buscan pozas más profundas, hay que regresar al principio de la ruta y seguir un camino en sentido opuesto, que lleva a otras seis cascadas a las cuales se accede por unos escalones de tronco cubiertos de musgo, puentes de cuerda y un río que hay que cruzar. Los lugareños se lanzan a la poza de la cascada Nambillo, formada por un rápido del río del mismo nombre. Las cascadas Ondinas y Guarumos tienen pozas naturales tranquilas y profundas, mientras que la cascada de los Maderos está envuelta por el follaje y es la más recóndita.

Cuando una nada en estas pozas se siente abrazada por el bosque. El musgo cuelga de las raíces altas de los árboles y los helechos se despliegan; las epífitas (plantas de aire) se aferran a las ramas de los árboles y se nutren del goteo de la niebla (el aire saturado con más agua de la que puede contener). Al volver la vista hacia las cascadas, toda esta experiencia nos inunda.

Decídete

Cómo llegar

Mindo queda al noroeste de Quito. Hay autobuses (3,10 US$, 2 h) desde la terminal La Ofelia (7-9 US$ en taxi desde el centro), al norte de Quito. Otra opción es organizar una excursión de un día desde Quito (90 US$/persona, para dos). El teleférico Tarabita cuesta 5 US$ ida y vuelta (entrada a la reserva incl.).

Nivel de dificultad

Los senderos del Santuario de las Cascadas de Nambillo están bien señalizados; son unas 5 h de trayecto empinado y resbaladizo, no apto para personas con problemas de movilidad. Hay que llevar botas de montaña y para cruzar ríos. Solo se puede nadar cuando el nivel del agua es seguro.

Más información

En la entrada de Tarabita hay aseos, y al comienzo de la ruta, un pequeño café al aire libre. El concierto de ranas tiene lugar cada noche cerca del lago Mindo y cuesta 5 US$/persona (www.mindolago.com.ec). El Mashpi Lodge es una reserva privada de lujo, a 3 h de viaje desde Quito (h 1280 US$, comidas y actividades incluidas; mashpilodge.com).

Otras baños aventurados en Ecuador

Las Grietas, Galápagos
Hasta esta tentadora poza cerca de Puerto Ayora, en la isla de Santa Cruz, hay una corta pero cautivadora excursión entre chumberas, escarpadas formaciones de lava y una mina de sal. Las Grietas son unas fisuras volcánicas de 100 m de profundidad llenas de agua salada. A través de sus aguas esmeraldas se pueden ver peces gigantes por las escarpadas laderas de los acantilados.

Imprescindible
En el mercado de pescado de Puerto Ayora, pelícanos, fragatas y leones marinos se disputan las sobras.

Baños de Agua Santa
Las estribaciones volcánicas de esta zona de las tierras altas centrales están llenas de cascadas, muchas de ellas fuentes de adrenalina: se puede hacer en bici la Ruta de las Cascadas (25 km), saltar en tirolina sobre la cascada de Agoyán y trepar por un túnel hasta la atronadora El Pailón del Diablo. Para un baño, hay que seguir hasta la cascada Rocío Machay, con puentes de cuerda que llevan hasta sus refrescantes pozas.

Imprescindible
Disfrutar de las cinco pozas termales de Baños.

Zambullirse bajo los picos de Teton

Paisaje alpino, aguas cristalinas, evasión de montaña

Jun-sep

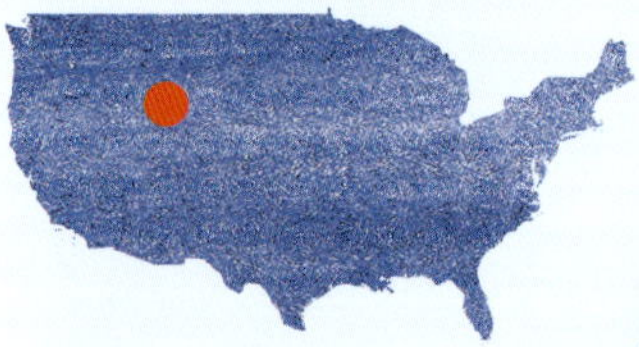

Esculpidos por la fuerza extraordinaria de las placas tectónicas y los antiguos glaciares, los picos, cañones y valles del Grand Teton National Park de Wyoming figuran entre los más impresionantes del continente norteamericano. El parque se extiende por el territorio ancestral del pueblo shoshone, que puso por nombre a esta región Teewinot, que significa "muchos pináculos", y con todo el sentido.

Repartidos entre los barrancos hay varios lagos alpinos formados por la nieve y el deshielo, como joyas bajo el inmenso cielo de Wyoming, que reavivan los sentidos de cualquiera que se atreva a darse un chapuzón en sus aguas.

De excursión

Una parte importante de la experiencia que supone nadar en el lago Taggart es llegar a él. La ruta circular de 6 km que bordea sus orillas es uno de los mejores paseos entre flores silvestres del parque, con especies tan robustas como la nomeolvides alpina, la escalera de Jacob y la pastinaca, que dan pinceladas de color a los extensos prados alpinos. En otoño el sendero se tiñe de tonos dorados gracias a los álamos temblones.

En este parque abunda la fauna y la zona del lago no es una excepción: si se está alerta quizá se avisten alces, osos, wapitíes y otros animales; y si se mira el cielo se divisarán magníficas aves rapaces como el águila pescadora, el águila calva y varios tipos de halcón.

Dcha.: El Taggart Lake Trail (6 km) discurre entre flores silvestres alpinas.

Abajo: el lago Taggart se halla a 2104 m de altitud, y sus aguas están siempre frías.

Mi experiencia

Cansados, caminamos lentamente hasta el lago Taggart. Llevábamos dos días de senderismo intenso por el Grand Teton y el cuerpo nos pedía un respiro. Tocaba descansar un poco, y lo agradecía. Sentí como se me cortaba la respiración al ver por primera vez las aguas cristalinas del lago, tan perfecto que parecía una pintura. Tras probar el agua con timidez (hasta las rodillas), mi colega y yo decidimos que era hora de zambullirse. Nuestros alegres gritos de sorpresa resonaron por todo el lago cuando nos lanzamos y, de forma instintiva, empezamos a chapotear para activar la circulación. Nos reímos (y soltamos algún taco, pero de buen humor) al regresar a la orilla, donde el sol de las alturas nos acariciaba la cara y nos arropó con su calidez. Fue un buen día.

Bailey Freeman

Dcha.: los picos graníticos del Grand Teton rondan 4000 m de altura.

Pág. siguiente: Jenny Lake se llama así por una shoshone, Jenny Leigh, que vivió aquí desde 1863.

Descanso entre gigantes

Al salir del sendero forestal por el extremo noroeste de la ruta, el lago Taggart se revela como un espejismo. Plácida y de una claridad casi imposible, el agua refleja los solemnes picos del Grupo de la Catedral: el Middle Teton, el Grand Teton, el monte Owen, el pico Nez Perce y el monte Teewinot, todos ellos de más de 3600 m de altura. También se divisa el cañón de Avalanche, que se ve como si alguien hubiera sacado una bola de helado de la montaña.

Conviene buscar un lugar en la orilla de rocas para disfrutar de las vistas sobre y bajo el agua. Se verán árboles caídos, como palillos chinos, perfectamente conservados gracias a la fría temperatura del agua.

Un baño de impresión

El lago Taggart se nutre del deshielo, por lo que sus aguas no son precisamente templadas: aquí se nada para pasar un buen rato, pero no mucho rato. Si uno está listo para revigorizar su sistema nervioso, se da un buen chapuzón en las frías aguas del lago y deja que la naturaleza haga su magia. Cuando la impresión inicial se calma, hay que respirar hondo y disfrutar del paisaje: el lago es obra de los picos que lo rodean, un hermoso sistema interconectado de tierra y agua que es la base del continente. Tras el baño glacial no hay nada como tumbarse al sol en la orilla: la sensación de estar vivo es absolutamente gloriosa.

Imprescindible

→ **Sentarse en el fotogénico puente de madera del lago Taggart.**

→ **Ir de roca en roca junto al lago y disfrutar de las vistas de 360 grados.**

→ **Ponerse a prueba con una carrera rápida hasta el centro del lago.**

Decídete

Cómo llegar

El inicio del sendero al lago Taggart es de fácil acceso desde la carretera principal que recorre el parque, aunque el aparcamiento es limitado. Está a unos 20 min al volante desde el cartel del parque Grand Teton.

Nivel de dificultad

Nadar aquí es un reto, pero solo por el frío. Para bañarse hay que ir preparado: llevar ropa seca, una toalla de las que secan rápido y lo que se necesite para volver a entrar en calor. El paseo al lago es corto, con pocas subidas y bajadas, por lo que es una opción ideal para familias y personas con problemas de movilidad, pero no está asfaltado ni es muy práctico para ir en silla de ruedas.

Más información

La entrada al parque, abierto todo el año, cuesta 35 US$ por vehículo y día. Hay lavabos públicos en el inicio del sendero. Para relajarse un poco más, no es mala idea llevarse una hamaca de las que se atan entre dos árboles. Más información en www.nps.gov/grte.

Otras propuestas en la cordillera de Teton

Lago Jenny
Es uno de los lagos más conocidos del parque y sus aguas turquesas lo convierten en un sitio excelente para disfrutar de un estimulante chapuzón alpino. La ruta por el lago rodea 11 km de orilla y brinda un amplio acceso al agua. Es una opción ideal para quien quiera disfrutar del paisaje alpino sin mucha ganancia de altura.

Imprescindible
¡La pesca es de primera! Después del baño se puede probar a ver si pica una trucha degollada o una trucha de lago (pero antes hay que conseguir una licencia estatal de pesca).

Lago String
El vecino pequeño del lago Jenny es otro buen lugar para nadar porque sus aguas son algo más templadas. Es un lago mucho menos profundo, por eso el cálido sol de montaña puede calentarlo más. Es buena idea dar la vuelta al lago antes de bañarse.

Imprescindible
Ir en canoa y flotar de mil maneras: se puede alquilar un barco a un operador de la zona.

El Nicho, provincia de Cienfuegos, Cuba

Pozas naturales en plena jungla

Vida aviar, frío, refrescarse

Nov-abr

El son lejano de los estribillos salseros del puesto de comidas se ahoga en el atronador torrente de agua cuando uno se acerca a las cascadas de El Nicho.

Un bosque de mil colores

El estrecho sendero, con un nombre muy apropiado, Reino de las Aguas, se remete por el bosque tropical de las montañas del Escambray de Cuba, a pocos kilómetros de la costa caribeña. Los lagartos corretean por gruesos tallos de bambú; los tocororos, el ave nacional, cantan desde las palmeras; y la omnipresente cortina de verdes y marrones se rasga de vez en cuando con el parpadeo blanco de una mariposa o el rojo vivo de la alpinia purpurata. El Nicho es un tramo exterior del Gran Parque Natural Topes de Collantes, que incluye una bella cascada del río Hanabanilla y el parque protegido que la rodea. La gente lo visita para ver la cascada de 30 m de altura y hacer una ruta corta pero bien señalizada que lleva hasta un mirador con vistas a las montañas, que parecen como brócolis, y al lejano embalse de Hanabanilla; pero para muchos lo mejor es la incomparable oferta para nadar al aire libre.

Un baño romántico

El parque tiene dos pozas naturales ideales para darse un chapuzón rápido. La más pequeña, y la primera que se encuentra por el camino, es la poceta de los Enamorados, que debe su nombre a una

Dcha.: la poceta de Cristal, una de las pozas naturales de El Nicho.

Abajo: el embalse de Hanabanilla, finalizado en 1961, proporciona electricidad y agua a los pueblos del lugar.

Mi experiencia

La última vez que fui a El Nicho lo hice con mi mujer y mi hijo y varios amigos cubanos. Viajamos en dos vehículos por la cordillera del Escambray desde Santa Clara por una carretera llena de baches. Tras el caluroso y ajetreado trayecto, un chapuzón en una poza natural iba a ser el mejor remedio. Conozco muchas pozas naturales en Cuba, pero El Nicho destaca por su abundante vegetación y su buen ambiente. Recuerdo el agua de la poceta de Cristal, fría pero maravillosamente refrescante. Nadar al aire libre nos permite a veces recuperar a nuestro niño interior, así que, animado por el paisaje de la jungla, me dediqué a saltar desde las rocas, ducharme en las cascadas y chapotear como si fuera un niño de 10 años hiperactivo. Fue una experiencia de lo más estimulante.
Brendan Sainsbury

Izda.: el tocororo cubano es el ave nacional del país.

Pág. siguiente: las Vegas Grandes están dentro del Gran Parque Natural Topes de Collantes.

Imprescindible

→ **Saltar a la poceta de Cristal.**

→ **Avistar el intenso plumaje rojo, blanco y azul del tocororo.**

→ **Nadar en pareja en la poceta de los Enamorados.**

historia apócrifa que dice que los amantes que se bañen en ella seguirán juntos para siempre. Un tentador tobogán de agua que corre sobre una roca lisa invita al acalorado excursionista a darse un baño en la poza de abajo.

A continuación llega la gran cascada, un impresionante velo de agua espumosa que se precipita por un acantilado abrupto y estalla en las rocas que hay debajo. La cascada se nutre del río Hanabanilla y su caudal varía según la estación. En octubre y noviembre es realmente impresionante.

Inmersión de naturaleza

Si bien es ideal para disfrutar de una tonificante ducha de lluvia, El Nicho no tiene pozas profundas para nadar y la mayoría de los bañistas se reservan para la poceta de Cristal, una poza mayor de color turquesa que hay un poco más arriba del camino. Con un pequeño anfiteatro de pequeñas cascadas como fondo, es ideal para saltar y nadar. Las aguas de la poza están limpísimas y vienen de un arroyo de montaña con el agua engañosamente fría. Hay tramos poco hondos y zonas más profundas ideales para nadar bajo una roca colgante y quitarse el polvo del camino con una ducha natural.

La poza está rodeada por la típica vegetación de la cordillera del Escambray: helechos gigantes y árboles fornidos con las ramas llenas de epífitas. Entre begonias y plantas de mariposa de suave aroma, es fácil sentirse relajado, acunado por la naturaleza.

Decídete

Cómo llegar

No hay transporte público fiable a El Nicho. El acceso más fácil es desde la ciudad de Cienfuegos, a poco más de 1 h en automóvil. Se puede alquilar un vehículo, contratar un taxi o visitar el lugar en un viaje organizado.

Nivel de dificultad

Las pozas son más bien pequeñas, pero tienen zonas muy profundas. No obstante, los no nadadores tienen muchas zonas donde vadear o chapotear. Cuidado con saltar de cabeza y también con el agua, que puede estar muy fría, sobre todo en 'invierno' (nov-mar). Ninguna de las pozas y cascadas son accesibles para usuarios de silla de ruedas.

Más información

El Nicho abre todo el año. Se paga entrada (10 €, o su equivalente en CUP) en el acceso. Hay lavabos públicos y un restaurante. Para más información, visítese www.cuba.travel/destinos/cienfuegos/atractivos-naturales.

Otras propuestas en el Escambray

Salto del Caburní
Es otra cascada con su poza natural en la cordillera del Escambray, cerca de la localidad de Trinidad, en las cuestas del sur del macizo y accesible por un sendero empinado y a veces fangoso desde el parque Topes de Collantes. La cascada no es tan impresionante como El Nicho, pero la poza, recóndita, es honda, cristalina y está rodeada por acantilados bajos repletos de vegetación colgante por tres partes.

Imprescindible
Tomar un café en la casa de algún agricultor local.

Vegas Grandes
Son dos cascadas más altas y más elegantes que la de Caburní, paralelas, que caen por un acantilado rocoso cubierto de helechos y rodeado de espeso bosque. Se accede a ellas por un sendero natural de dificultad moderada en el que abunda la flora tropical y cuyo descenso final es muy empinado: entre los árboles se ven brillar las cascadas allá abajo. La recompensa es una refrescante poza natural que se nutre de la fría agua de Vegas Grandes.

Imprescindible
Nadar en la cueva que hay tras las cascadas.

Lussier Hot Springs, Columbia Británica, Canadá

Remojarse en unas termas naturales en Canadá

Bañarse en el río, agua templada, privacidad

Todo el año

Durante siglos la gente ha viajado en busca de las terapéuticas fuentes termales naturales de las cordilleras de Kootenay, en la Columbia Británica. Creadas por fisuras que yacen bajo la corteza terrestre, sus aguas geotermales las descubrieron los pueblos shuswap y ktunaxa. A principios del s. XX, los inmigrantes europeos construyeron balnearios para que la gente se tratase con sus aguas ricas en minerales.

Cien años después los turistas siguen visitando en masa las Fairmont Hot Springs y las Radium Hot Springs, en la Highway 93, con pozas artificiales con vistas al valle del río Columbia y a los montes Purcell. Saunas, spas y piscinas frías completan la experiencia termal.

Sitios así hacen que bañarse en estas aguas termales naturales sea accesible, fácil y rápido, pero hay quien se queda con ganas de más. Por suerte, en la zona todavía quedan parajes similares sin urbanizar, y el más accesible de ellos son las Lussier Hot Springs.

Calor natural

Las Lussier Hot Springs están en el Whiteswan Lake Provincial Park, a 1 h al volante de las Radium Hot Springs. Aunque en los últimos años se ha corrido la voz sobre esta joya de paraje termal, lo cual ha hecho aumentar su popularidad, la pista de gravilla de acceso –una sinuosa ruta maderera de 17 km– mantiene a raya a las multitudes. Y eso es bueno, porque estas termas ribereñas son gratis, además

Dcha.: los visitantes disfrutan de las aguas de las Lussier Hot Springs desde principios del s. XX.

Abajo: el río Lussier nace en lo alto de las montañas del Top of the World Provincial Park.

© Svetlana Foote/Shutterstock; riekephotos/Shutterstock; butabanatravel/Shutterstock

Mi experiencia

Intentaba conquistar a mi nueva novia australiana con la naturaleza canadiense. Hasta entonces había fracasado en todos mis intentos. La había llevado de Alberta a la Columbia Británica, pensando que las montañas la impresionarían, pero los mosquitos arruinaron el plan y encima no vimos ni siquiera un oso. Me la jugué yendo a unas pozas termales que ni yo conocía, y la larga pista de gravilla para llegar hasta ellas me hizo sudar la gota gorda; pero en cuanto la vi meterse en el agua y maravillarse con las montañas que nos rodeaban, supe que lo había conseguido.

Jessica Wynne Lockhart

de ser unas de las pocas que no requieren caminar para llegar. Después de aparcar solo hay que andar 5 min por un sendero para llegar a la zona termal y recompensarse con un buen baño.

Auténticos baños de bosque

Si bien son totalmente naturales, estas termas no tienen el aspecto de antaño, a principios del s. XX, cuando las frecuentaban los buscadores de oro y los tramperos. Ahora hay un muro de contención, y algunas rocas de la zona se han reubicado para construir pozas con lecho de gravilla y así atrapar el agua en su interior. El agua clara fluye de la superficie terrestre a la poza superior, cuya temperatura alcanza los 47 °C. La mayoría de la gente encuentra más soportable el agua de las pozas inferiores, porque se mezcla con la del río Lussier, justo al lado. Y si está muy caliente, una buena opción es sumergirse en la gélida agua del río. Es una experiencia sublime en plena naturaleza, da igual lo fría o caliente que esté.

Lo único que ha escapado al paso del tiempo son las vistas. Mientras se disfruta de estas aguas calientes se contempla un entorno que casi tiene el mismo aspecto que en 1900: abetos altísimos y un cielo azul en el que se perfilan los picos montañosos. Si una se queda el tiempo suficiente, el resto de los visitantes se irá marchando y el lugar quedará a su entera disposición.

Dcha.: la Columbia Británica cuenta con más de 20 000 lagos.

Pág. siguiente: Las Liard Hot Springs, junto a la Alaska Highway, mantienen el calor incluso en pleno invierno.

Imprescindible

→ Darse un frío chapuzón en el río Lussier.

→ Bañarse en los dos lagos de montaña del Whiteswan Lake Provincial Park.

→ Avistar fauna local, quizá osos, ciervos y trucas arcoíris.

Decídete

Cómo llegar

Las Lussier Hot Springs están a 17,5 km por la Whiteswan Lake Forest Service Road, cerca de la entrada del Whiteswan Lake Provincial Park. El trayecto de 30 min por esta pista desde la carretera principal debe hacerse con cuidado en cualquier época del año. Desde el aparcamiento hay 5 min a pie cuesta abajo por un sendero bien cuidado hasta las pozas termales.

Nivel de dificultad

Con tres pozas a distinta temperatura, el baño puede ser todo lo caliente o frío que se desee. Al ser un espacio no urbanizado, no es apto para personas con problemas de movilidad o de equilibrio.

Más información

Son termas naturales y por ello están expuestas a los cambios meteorológicos: pueden estar frías, sobre todo cuando el caudal es elevado. En la zona del aparcamiento hay vestuarios, lavabos y cubos de basura. Más información en www.bcparks.ca/explore/parkpgs/whtswan.

Otras propuestas termales canadienses

Hot Springs Cove
Aguas termales con una dosis de aventura en el Maquinna Marine Provincial Park, en la costa oeste de la isla de Vancouver, cerca de Tofino. Solo se puede llegar en barco o hidroavión, y una vez allí hay que andar 30 min hasta las aguas termales marinas, con una cascada que nutre media docena de pozas rocosas, con temperaturas que varían según el oleaje del océano.

Imprescindible
Conocer la nación ahousant, guardiana tradicional de estas tierras.

Liard River Hot Springs
Justo al sur de la frontera entre la Columbia Británica y Yukon, el Liard River Hot Springs Provincial Park es una zona de gran importancia ecológica. Con sus pantanos templados rodeados de bosque de pícea boreal, en su día se conocía como "el valle tropical". También alberga las segundas fuentes termales más grandes de Canadá, poco urbanizadas (solo una pasarela de madera). El agua oscila entre 42 y 52°C.

Imprescindible
Avistar alces alimentándose junto las aguas templadas.

Magia acuática a la sombra de volcanes activos

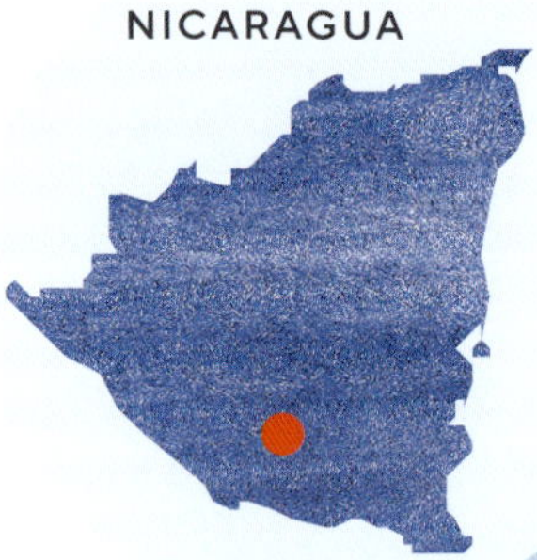

Volcanes, paisajes tropicales, aguas termales

Dic-feb

Nicaragua contiene la palabra "agua" en su nombre, y no en vano, ya que este país centroamericano ofrece aventuras acuáticas de todo tipo. A lo largo de la costa este hay lagunas caribeñas azuladas, en la costa oeste se goza del surf sobre las atronadoras olas del Pacífico, y en medio hay una serie de lagos imponentes que horadan el centro del país cual queso suizo. Esculpidos por eones de movimientos tectónicos y erupciones volcánicas, forman parte del paisaje. Nadar aquí da una imagen serena del Anillo de Fuego del Pacífico.

Tras la estela de los piratas

La odisea acuática empieza en Granada, la primera ciudad europea fundada en tierra firme en América, con casonas de color mostaza y magníficos campanarios. Está junto al lago Nicaragua, cuyas aguas surcaban los piratas que venían del Caribe con el botín que arrebataban a los galeones españoles. Es un paraje bellísimo, pero tiene trampa: si se nada aquí se corre el riesgo de toparse con tiburones toro, que son tiburones de agua dulce que (muy raras veces) atacan a los bañistas.

Es mejor probar en la laguna de Apoyo, más pequeña, sin tiburones y en el lado opuesto de la ciudad. Es como un cráter inundado y está rodeada de espesos bosques de palisandro y caoba. Desde la playa de arena oscura se puede nadar viendo el pico humeante del volcán Masaya. Nadando en esta caldera envuelta en jungla, mientras el aire tiembla con el aleteo

Dcha.: kayak en la isla de Ometepe (dos montañas), en referencia a sus volcanes gemelos.

Abajo: vista de la laguna de Apoyo, con el volcán Mombacho al fondo.

Mi experiencia

Era un día muy caluroso en la isla de Ometepe. Había subido a los bosques nubosos de Maderas y recorrido los campos de lava del volcán Concepción. Estaba empapado de sudor, cansado y cubierto por una capa de arena oscura de las playas de la isla cuando divisé, al final de una pista rural, el revitalizante manantial Ojo de Agua, que apareció como si de un milagro se tratara. Al sumergirme en sus pozas, bañadas entonces por el sol, sintiendo el agua rica en minerales en todos mis poros, tuve claro que la isla de Ometepe tiene algo que la hace mágica.

Oliver Smith

Izda.: Ojo de Agua es una de las pozas naturales de Ometepe.

Pág. siguiente: El coco fue el principal ingreso de la Isla Pequeña del Maíz casi todo el s. XX.

Imprescindible

→ **Admirar la arquitectura histórica de Granada.**

→ **Pasar el rato en los chiringuitos de la orilla oeste de la laguna de Apoyo.**

→ **Saltar a las aguas del Ojo de Agua desde un columpio de cuerda.**

de los colibríes y los gritos de los monos aulladores, uno imagina el aspecto que podría tener el Masaya dentro de muchos milenios, si algún día su fuego se extingue.

La tierra prometida

Alrededor del lago Nicaragua hay más rincones sublimes para nadar. Desde Granada se puede tomar un ferri y subir a cubierta a ver cómo el desordenado mosaico de tejados del casco antiguo se pierde en la distancia. El lago, de 8300 km^2, está lleno de islas, pero la más singular es Ometepe, coronada por dos volcanes: Concepción y Maderas. Es un lugar mítico que los indígenas consideraban la tierra prometida, y hay quien asegura que esconde una entrada al inframundo. A lo largo de la orilla abundan los sitios paradisíacos donde nadar. Otra opción es seguir las carreteras rústicas hacia el Ojo de Agua, un manantial natural que se calienta gracias a la misma energía geotérmica que hizo nacer los volcanes. Aquí se puede nadar en dos pozas de temperatura constante (24-27°C); son poco profundas y sus aguas turquesas están rodeadas por una espesa vegetación. Otra curiosidad de la geografía acuática nicaragüense: se nada en un lago de una isla que, a su vez, está en un gran lago en el corazón de un continente. Es fácil que, flotando en este pequeño paraíso, los problemas desaparezcan (sobre todo porque en el Ojo de Agua no hay ni un solo tiburón).

Decídete

Cómo llegar

Granada está a casi 1 h en autobús desde Managua, la capital de Nicaragua. También hay autobuses a la laguna de Apoyo, a solo 10 min de Granada. El ferri Granada-Ometepe tarda unas 4 h, y el servicio es irregular; hay barcos más de fiar que zarpan desde San Jorge, a 1 h en automóvil desde Granada.

Nivel de dificultad

El Ojo de Agua es apto para todas las edades y niveles: hay zonas que cubren poco y siempre hay gente en la zona, en caso de necesitar ayuda. La laguna de Apoyo, en cambio, solo es recomendable para nadadores expertos, al igual que el lago Nicaragua.

Más información

Se habla mucho de ellos, pero los tiburones de agua dulce del lago Nicaragua solo han atacado a personas en tres ocasiones, y por desgracia parece que cada vez quedan menos ejemplares. Un peligro mayor en el lago es la calidad del agua, hay que informarse *in situ* antes de bañarse y evitar hacerlo cerca de los núcleos habitados. Para más información, visítese www.visitnicaragua.us.

Otras propuestas nicaragüenses

Isla Pequeña del Maíz
Además de ocupar buena parte de Centroamérica, el territorio de Nicaragua incluye islas del Caribe. La más bonita de todas es la Isla Pequeña del Maíz, muy pequeña y rodeada por paradisíacas playas tropicales por todas partes. La Otto Beach, en la costa noroeste, es un buen sitio para nadar entre arrecifes y contemplar la orilla llena de palmeras y arena finísima.

Imprescindible
Descansar en una hamaca junto a la Otto Beach.

Playa El Coco
En la costa nicaragüense del Pacífico abundan las playas, pero la mejor de todas quizá sea la playa El Coco, un tramo de arena largo y elegante a media hora en automóvil del principal enclave turístico de la zona, San Juan del Sur. Aquí el Pacífico es bravo y las corrientes son fuertes, pero por suerte El Coco queda resguardada por cabos boscosos, y es un lugar seguro para bañarse.

Imprescindible
Nadar bajo los altísimos acantilados del extremo oeste de la playa.

Un bucólico embalse entre dos estados

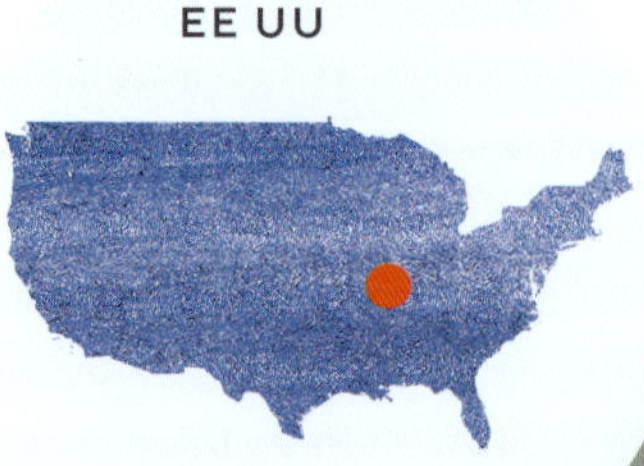

Soledad, naturaleza, puestas/salidas de sol

Abr-oct

Es excusable dar por hecho que esta enorme zona de bosques, humedales y lagos en la frontera entre Kentucky y Tennessee es natural. Excusable, pero erróneo, porque esta península interior es el resultado de la acción humana a gran escala, y un lugar espléndido para acampar y nadar a placer.

Ríos apresados

Elegir un sitio a lo largo de los 480 km de costa que hay en el Land Between the Lakes National Recreation Area es sencillo; solo hay que decidir lo lejos que se quiere estar de otra gente y aparcar. Hay espacio de sobra. El lado oeste es ideal si apetece nadar ante puestas de sol deliciosas; y el este, si se es madrugador y gusta ver amanecer. Sea como sea, la sensación de estar en plena naturaleza y lejos del mundanal ruido es uno de los grandes atractivos del lugar.

Mientras se nada en las templadas aguas del lago Kentucky (al oeste) o del lago Barkley (al este), merece la pena conocer la historia de esta zona. Hace 200 años la región se conocía como "Between the rivers" (entre ríos), en concreto entre el Tennessee y el Cumberland. En la década de 1940 llegan la Gran Depresión, el New Deal de Roosevelt y la Tennessee Valley Authority, encargada de crear empleo con la construcción de presas en el Tennessee para generar electricidad. Una de las presas

Dcha.: Con vistas, el Land Between the Lakes es un lugar ideal para ir de *camping*.

Abajo: el lago Energy, en el lado de Kentucky del parque, se nutre del río Cumberland.

Mi experiencia

Hacía el típico calor veraniego de Tennessee. El trayecto desde Nashville fue tranquilo y el personal del centro de visitantes, muy amable. Buscábamos un lugar para aparcar, plantar la tienda y lanzarnos al lago. No tardamos mucho. Al salir de la carretera tomamos una pista de tierra hasta que el coche dijo basta. Ante nosotros, entre el bosque, se veía una pequeña y perfecta península verde; más allá, el agua; y al otro lado, en la distancia, más árboles, más agua y más penínsulas diminutas. Nuestro rincón tenía incluso un banco de arena que facilitaba aún más el acceso al agua. Me metí en el lago: el agua estaba fresquita, pero no fría, y dejé escapar un largo suspiro de satisfacción. Sabía que iba a quedarme allí un buen rato.
Clifton Wilkinson

dio lugar al lago Kentucky, y un par de décadas después, una segunda presa en el río Cumberland creó el lago Barkley: nacía la Land Between the Lakes ("tierra entre lagos").

Más que un sitio bonito

La región disimula bien sus orígenes. La sensación de estar en plena naturaleza se complementa con la amplia oferta de zonas de acampada, solo accesibles por senderos que suman 800 km de rutas senderistas. Luego están el Homeplace, donde actores disfrazados explican cómo era la vida en la frontera, y el Elk & Bison Prairie, un recinto que se visita en coche y en el que se han reintroducido bisontes y wapitíes, antaño comunes aquí; pero lo que más visitas atrae son los lagos.

Desde finales de abril y durante todo el verano las apacibles aguas del lago están templadas y son una inmersión literal en el lado salvaje del lugar. Los árboles bordean el agua, moteando la superficie con su sombra mientras el sol genera destellos en la superficie. Aparecen aves que bajan del cielo a beber y tortugas que surcan el agua con un ritmo relajado que es contagioso. Vale la pena quedarse en el agua hasta que la piel se arrugue y ver cómo se pone el sol y las estrellas iluminan el cielo, ajeno a toda contaminación lumínica. Nadando aquí es fácil perder la noción del tiempo y creer que Land Between the Lakes es también la tierra que el tiempo olvidó.

Dcha.: en la Elk & Bison Prairie de la región hay unos 50 wapitíes y 50 bisontes.

Pág. siguiente: El Daniel Boone National Forest debe su nombre al famoso pionero estadounidense.

Imprescindible

→ **Contar tortugas mientras se nada.**

→ **Avistar wapitíes y bisontes en el recinto de la pradera.**

→ **Plantar la tienda y contemplar el firmamento nocturno.**

Decídete

Cómo llegar
Nashville, la ciudad más próxima, está a 90 min, así que se necesita un coche. Una carretera principal, la Woodlands Trace National Scenic Byway, atraviesa la zona recreativa. Las secundarias de acceso al lago pueden ser abruptas.

Nivel de dificultad
La accesibilidad del lago depende del lugar. En los *campings* oficiales con playa privada, menos. Acampar por libre implica tener que andar. Los lagos son tranquilos y de entrada gradual, por lo que nadar cerca de la orilla es muy seguro. Fuera del agua, los tábanos pueden ser un incordio.

Más información
El Land Between the Lakes abre todo el año y es gratis; algunas de las atracciones son de pago (baratas) y se requiere permiso de acampada, que se consigue en los centros de visitantes: el principal es el de Golden Pond, en medio de la península; y arriba y abajo están las "estaciones de bienvenida" North y South. Más información en www.landbetweenthelakes.us.

Otras propuestas en pantanos locales

Lago Percy Priest
En Tennessee hay docenas de sitios para nadar, pero si apetece combinarlos con experiencias urbanas es buena idea ir al lago Percy Priest, otro embalse cerca de Nashville. Sitios como la Anderson Road Recreation Area y su playa de arena son ideales para familias, con aguas templadas que cubren poco e instalaciones (aseos y bancos de pícnic incl.).

Imprescindible
Alquilar un barco y nadar en las zonas más profundas.

Lago del río Laurel
Más que otro lago de Kentucky, al parecer es el más limpio de todo el estado. Situado en la parte sureste del Daniel Boone National Forest, en Kentucky, y creado gracias a la represa del río del mismo nombre en 1977, aquí se ofrece un sinfín de actividades, pero nadar es la mejor, ya sea desde un paraje descubierto en plena excursión como desde la playa que hay junto al aliviadero de la presa.

Imprescindible
Si se tiene titulación de submarinismo, conviene llevar el equipo; el agua es muy clara.

Vadear y trepar por pozas y cascadas

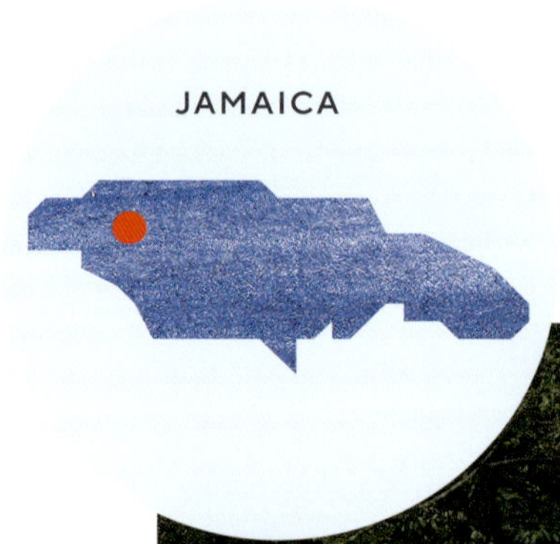

Trepar entre rocas, masajes de agua, diversión

Oct-feb

Una mariposa amarilla emprende el aleteo desde una rama, un espeso dosel arbóreo aplaca el calor del sol tropical, y un estrecho río baja por escarpados escalones rumbo al Caribe.

En el reino jamaicano de la natación salvaje, las cascadas Mayfield son lo más indómito que existe. Y no es porque sus modestos saltos sean muy arriesgados o desafiantes, sino porque este paraje tan bello y tan discreto es natural, auténtico y, en comparación con el de otras cascadas de la isla, tranquilo y poco concurrido.

Carrera de obstáculos acuática
Imaginemos la escena: un río fresco y caudaloso interrumpido por una serie de cascadas poco profundas, en forma de escalones, y protegido por una cortina verde de helechos (más de 50 variedades) entremezclados con matorrales gigantes de bambú. La idea es trepar y vadear corriente arriba por rocas lisas y pozas cristalinas. Al cabo de 45 min llega el plato fuerte del río, la Washing Machine (lavadora), una poza de agua espumosa con chorros que caen por tres lados.

Pese a estar a poco más de 1 h en coche de los resorts de Negril, Mayfield no se anuncia como otras zonas de nado de Jamaica. La carretera que sale de Savanna la Mar está llena de baches y mal señalizada, y las instalaciones del río son sencillas y bucólicas. Por suerte, la falta de publicidad tiene sus ventajas: no hay autocares abarrotados con cruceristas en esta zona de la isla. Es más, en un día tranquilo incluso es posible disfrutar del lugar a solas.

Dcha.: la mariposa Homero jamaicana aparece en los sellos y la moneda del país.

Abajo: Las cascadas Mayfield tienen 21 saltos, incluida la imponente "Lavadora".

© Michael Kucsmas/Shutterstock; soulja36/Shutterstock

Mi experiencia

Las cascadas Mayfield son como Jamaica en pequeño: sencillas, relajadas y un poco descuidadas, pero tremendamente placenteras. Viajé hasta allí desde las playas de Negril con mi mujer, mi hijo pequeño y un simpático taxista. Tras llevarnos con maestría entre baches del tamaño de cráteres lunares y conseguirnos guías fluviales, exclamó, muy decidido, que él también iba a bañarse. No llevaba bañador, pero daba igual. Además de las cascadas, los guías son los que hacen de Mayfield una experiencia tan especial. Por lo general evito los viajes organizados, pero aquellos señores fueron extraordinarios: ayudaron a mi hijo en las pozas más hondas, nos sacaron fotografías y nos mostraron los mejores rincones para disfrutar de un *jacuzzi* natural. Es de lo más 'jamaicano' que he hecho en la vida.

Brendan Sainbury

Izda.: las cascadas YS están en una finca que fue una granja de caña de azúcar hasta la década de 1960.

Pág. siguiente: una de las cascadas más populares de Jamaica son las Dunn's River Falls.

Imprescindible

→ **Tonificarse el cuerpo entero en la "Lavadora".**

→ **Poner a prueba el temple en el túnel subterráneo.**

→ **Disfrutar de una cerveza y una hamburguesa después, en el restaurante.**

Seguir al líder

En Mayfield es obligatorio contar con un guía fluvial, parte esencial de la experiencia. Tratándose de Jamaica, un país de lo más relajado, los guías siempre son gente simpática y agradable, y saltan al agua con el viajero para explicar los entresijos del ecosistema y señalar los mejores sitios donde masajearse con el agua o saltar desde un árbol colgante.

El valle fluvial, además de un patio de recreo, es una despensa. Las orillas están llenas de higueras y árboles del pan, y cerca crecen plátanos, jengibre y cúrcuma, que forman parte del frondoso dosel arbóreo que proyecta dibujos curiosos sobre el agua.

Cara a cara con la naturaleza

En Mayfield la naturaleza se absorbe y se explora a fondo, y la tonificante carrera de obstáculos que forman pozas y cascadas es amena y divertida. En el agua se puede ir en busca del diminuto barrancolí jamaicano, verde y rojo; agarrarse a cañas de bambú que pasan flotando; y saltar o deslizarse desde rocas lisas hacia pozas iridiscentes. En un momento dado, incluso es posible sumergirse y nadar a través de un corto túnel.

La Lavadora es el broche final, un explosivo *jacuzzi* natural tras el cual se regresa, tambaleante, al punto de partida sintiéndose muy vivo, entusiasmado y renovado por el poder reparador del paradisíaco río de Mayfield.

Decídete

Cómo llegar

Como no hay transporte público fiable a las cascadas, lo más aconsejable es alquilar un vehículo o contratar un taxi en Negril. La carretera es tosca, pero, si se conduce con cuidado, es transitable en un automóvil normal.

Nivel de dificultad

La zona alta del río es bastante fácil, con pozas poco hondas y guías solícitos dispuestos siempre a ayudar. No hace falta ser un gran nadador, y los niños pueden disfrutar en las cascadas. Hay que llevar calzado de agua; otra opción es alquilarlo en el puesto que hay junto al río. Ni las cascadas ni el río son accesibles para usuarios de silla de ruedas.

Más información

Las cascadas Mayfield abren todo el año. Entrar cuesta 20 US$, a lo que hay que sumar la propina para los guías. También hay restaurante, lavabos, taquillas y vestuarios en la entrada. Más información en www.visitjamaica.comvisitjamaica.com.

Otras propuestas en cascadas jamaicanas

Dunn's River Falls
En el río Dunn's, cerca de Ocho Ríos, en la costa norte de Jamaica, está la cascada más bella y famosa del país. Aparece en la película de James Bond *Agente 007 contra el Dr. No* y ha sido portada de innumerables guías de viaje. Por eso es tan popular. En temporada alta se forman largas colas de turistas de cruceros para subir a las cascadas. Sin embargo, es una experiencia jamaicana auténtica y alucinante.

Imprescindible
Nadar después en el mar de la playa de las Dunn's River Falls.

Cascadas YS
En un bonito paraje de la parroquia de St Elizabeth, estas cascadas parecen el clásico paraíso del que serían expulsados Adán y Eva. Son siete saltos sobre acantilados calizos rodeadas de jungla frondosa, y se ven impresionantes incluso desde el prisma jamaicano. Miden 36 m de altura y cuentan con varias pozas, todas ideales para nadar.

Imprescindible
El altísimo columpio de cuerda sobre una de las pozas más hondas.

Zarpar a unas islas como perdidas en el tiempo

Historia de California, aventura, grutas marinas

Sep-nov

EE UU

La mayoría de la gente toma el ferri a la isla de Santa Cruz (el destino más popular del Channel Islands National Park) para ir a hacer senderismo y kayak; son pocos los que pasan horas sumergidos en las frías aguas del mar, pero eso es lo mejor de nadar en parajes como este, que no hay montones de surfistas ni zonas de inmersión que esquivar. En sitios así se está a solas, quizá con algún colega, con el inmenso océano azul.

Tan cerca y tan lejos

Es raro que una isla a solo 30 km del Sur de California parezca tan perdida en el tiempo. Su escarpada costa está llena de playas y altísimos acantilados horadados por grutas marinas. Las playas dan paso a una extensa sabana interior, agrietada por profundos cañones en los que burbujean manantiales naturales. Ahora apenas vive nadie en la isla, pero durante 10 000 años fue el hogar de prósperos poblados chumash, que usaban conchas como monedas. En 1542 aparecieron los españoles y después empezaron a llegar más colonos europeos. Había ranchos, iglesias y una bodega. Luego llegaron los tramperos rusos y estadounidenses, que diezmaron la población de nutrias y zorros. El zorro de la isla ya empieza a recuperarse, igual que la población de águilas calvas, pero las nutrias han desaparecido, y eso ha tenido un impacto negativo en los bosques de algas locales, devorados por la una excesiva población

Dcha.: una foca común en busca de alimento en el bosque de algas que rodea las islas del Canal.

Abajo: el litoral de Santa Cruz, una de las ocho islas del Canal.

Mi experiencia

No habíamos previsto pasar la noche allí. No llevábamos ni equipo de acampada ni comida. Tampoco había previsto llegar con un brazo 'muerto', por culpa de mi mujer, que se quedó dormida sobre él en el ferri. Al principio, cuando nadábamos con la corriente a favor, pensé que no sería para tanto. Vimos varias focas, mostachudas como el personaje del Monopoly, que seguían nuestro rastro por los acantilados. Se estaba tan bien en el agua, tan cristalina y calmada, que se nos olvidó mirar el reloj hasta que fue demasiado tarde: faltaba menos de 1 h para que zarpara el ferri y había que nadar más de 1,5 km contracorriente; y además yo solo tenía un brazo bueno. Se acabó lo que se daba. Nadamos todo lo que pudimos y llegamos al ferri de vuelta por los pelos, empapados y descalzos, segundos antes de que zarpara.
Adam Skolnick

de erizos de mar. En algunas zonas del parque se permite pescar y, ante la ausencia de nutrias, los pescadores de erizos de mar hacen lo que pueden para mantener este hábitat en equilibrio y venden sus sabrosas huevas a los chefs de sushi californianos.

Dcha.: las estrellas palmeadas tienen cinco brazos pero pueden llegar a tener hasta nueve, y viven en las algas.

Pág. siguiente: Es habitual ver delfines alrededor de las islas del Canal.

Nadar

Este desequilibrio no se ve cuando uno se pone el bañador y las gafas para salir a nadar desde la playa de guijarros. Tampoco se ve ningún salvavidas, porque no hay ninguno; pero se siente la brisa marina en el rostro y el frescor del mar. Mientras tanto, los demás pasajeros del ferri recorren senderos o reman en kayak en grupos: incluso en una roca tan vacía del Pacífico como esta, la soledad se les escapa entre los dedos resecos; pero se aferra bien a los dedos arrugados del bañista.

Tanto si se bracea al norte como al sur, pronto se nada entre acantilados y se pueden ver focas comunes, bancos de cabrillas sargaceras, barracudas y jureles, o echar un vistazo a las grutas marinas. Al tomar aire por el lado de la orilla se divisa el canal, un tramo de aguas abiertas que separa la isla del continente; y es fácil pensar cómo sería cruzarlo a nado. Solo 11 personas lo han logrado, la última Jim McConica, de 62 años, en el 2013, que estableció un récord al completar los 30 km en menos de 9 h.

Imprescindible

→ Bucear en Scorpion Anchorage.

→ Pasear por el muelle histórico de Prisoners Harbor.

→ Pasar la noche disfrutando del refugio y la tranquilidad del *camping* Del Norte.

Decídete

Cómo llegar

A Santa Cruz se llega fácilmente en barco o ferri desde Ventura, en California. Desde Ventura Harbor, Island Packers ofrece excursiones diarias: el trayecto dura 1¼ h e incluye paradas para ver ballenas grises, jorobadas y azules que migran. Conviene reservar con tiempo.

Nivel de dificultad

Las condiciones varían, pero por lo general las playas que miran hacia el continente están más resguardadas y tienen menos oleaje y corrientes. Sin embargo, hay que recordar que no hay salvavidas, y que aquí el Pacífico está frío todo el año. Si no se tiene costumbre de bañarse en agua fría, hay que usar neopreno. Se recomienda nadar siempre acompañado.

Más información

En el Channel Islands National Park no se paga entrada si se va por libre, pero si se viaja en ferri las tarifas de ida y vuelta oscilan entre 61 y 84 US$. El parque abre todo el año, pero la disponibilidad de los ferris puede variar. Hay zonas de acampada y aseos cerca de los muelles en cada isla. Visítese también www.nps.gov/chis.

Otras propuestas en las islas del Canal

Anacapa
También dentro del parque nacional, la vecina isla de Anacapa cuenta con acantilados impresionantes, costas rocosas y fauna que incluye focas, delfines y aves marinas. Se puede practicar senderismo por rutas panorámicas, kayak en las tranquilas aguas de la costa, y submarinismo y esnórquel en aguas cristalinas, una experiencia inolvidable.

Imprescindible
Bucear en la reserva marina de Frenchy's Cove entre un caleidoscopio de peces, erizos de mar y espesos bosques de algas.

Santa Bárbara
Una isla menos conocida donde se puede optar a una aventura de verdad al explorar su singular geología, que incluye antiguas rocas volcánicas y fósiles marinos. A los nadadores les alegrará saber que la visibilidad del agua en esta isla suele ser excelente.

Imprescindible
Buscar coloridas esponjas, anémonas y otros invertebrados marinos que se esconden en el borde de la plataforma continental.

Cenote Tankach-Ha, Quintana Roo, México

Saltar a las cerúleas aguas de un cenote

Aventura bajo tierra, soledad, geología

Dic-abr

Mucha gente viaja a la Riviera Maya por las playas, pero algunos de sus mejores parajes para nadar no tienen nada que ver con el océano. Bienvenidos al mundo de los cenotes, grutas llenas de agua que conforman uno de los sistemas fluviales más largos del mundo. Esta región de México alberga cientos de ellos gracias al lecho de roca caliza soluble que se va desgastando con el paso del tiempo. Estos tesoros subterráneos tienen muchas formas: los cenotes más nuevos suelen estar completamente bajo tierra, o con solo una pequeña apertura al mundo exterior; y los más antiguos, totalmente a cielo abierto, a menudo con lianas y árboles colgando sobre el abismo.

Nadar en historia

Tankach-Ha está a las afueras de Cobá, una pequeña ciudad de la selva que fue un nodo de la civilización maya y llegó a tener 50 000 habitantes en sus mejores tiempos, entre los años 600 y 900 d.C. Hoy las ruinas de Cobá son unas de las más fascinantes del país, con más de 30 estelas, muchas carreteras (conocidas como *sacbeob*) y emblemáticas pirámides. Y fácilmente accesible. Tankach-Ha está en la misma carretera que el centro de las ruinas, por lo que es probable que el cenote ya lo frecuentaran hace miles de años.

Para los mayas, los cenotes tienen un significado especial como reserva importante de agua y, en un sentido más espiritual, como entrada del inframundo.

Dcha.: para los mayas, cenotes como Tankach-Ha eran entradas al inframundo.

Abajo: en el este de México hay miles de cenotes.

Mi experiencia

El corazón se me salía del pecho al mirar hacia abajo desde la plataforma de salto: allí no había nada más que una enorme poza azul dispuesta a engullirme sin contemplaciones. Todo estaba en silencio, salvo por el plic-plic-plic del agua que caía del techo, producto de un breve chubasco vespertino y, en esencia, del proceso que formó la cueva en la que me encontraba. Me aferré a la madera mojada con los dedos de los pies y empecé a impulsarme hacia delante. Caí durante lo que me pareció una eternidad hasta que atravesé la superficie del agua. El cenote me envolvió como una manta, acogiéndome en un espacio nuevo para mí: el agua del inframundo.

Bailey Freeman

Izda.: una pirámide de Cobá, antaño una de las más grandes ciudades de la civilización maya.

Pág. siguiente: con agua cristalina y abundante vida marina, el cenote de Yal-Kú es ideal para el esnórquel.

Imprescindible

→ **Saltar al cenote desde la plataforma más alta.**

→ **Mover los dedos de los pies entre los pequeños peces negros.**

→ **Una cámara submarina para captar el inframundo del cenote.**

Si bien hoy la mayoría de ellos funcionan como atracciones, es importante tratarlos con respeto y ducharse antes de entrar para eliminar cualquier rastro de producto químico, que podría desestabilizar el entorno. No hay que tocar estalactitas y estalagmitas, ni arrancar vegetación. La belleza de estos lugares debe honrarse en cada visita.

Dar el salto

Tankach-Ha significa "agua profunda" y los mayas en eso llevaban razón: el cenote alcanza los 35 m de profundidad, pero hay otro elemento que lo hace único: en el borde de la entrada los guardas han levantado una estructura que parece una cabaña de árbol con dos plataformas para saltar, ambas lo suficiente altas como para inducir un "subidón" de adrenalina: se sube por la escalera y se da un salto de fe en uno de los parajes más sorprendentes de Cobá.

Tras un par de chapuzones, hay que bajar las revoluciones sumergiéndose en el agua fría y flotar junto a la cuerda de seguridad que delimita la zona de nado. Es un buen momento para fijarse en los detalles del entorno: los muros de la gruta, suavizados por las subidas y bajadas del nivel del agua, las delicadas estalactitas del techo, que parece un prado pétreo invertido, los zarcillos tiernos de musgo y las lianas que se asoman desde el mundo exterior... Una auténtica maravilla.

Decídete

Cómo llegar
Hay que tomar un autobús ADO o Mayab a Cobá y alquilar una bici en los puestos de la entrada a las ruinas. Tankach-Ha está a 20 min de pedaleo por la carretera principal que sale de la ciudad tras torcer a mano derecha en la aldea maya de Xunaán Kab. La ruta es llana y está bien cuidada, y es fácil toparse con fauna local: lagartos, aves y alguna que otra tarántula.

Nivel de dificultad
Nadar aquí es fácil para todo aquel que pueda bajar las escaleras que llevan al cenote (no hay otra forma de entrar). El agua está tibia y tranquila, pero para saltar desde la plataforma hay que ser valiente. Hay una cuerda de seguridad alrededor de la poza, y se alquilan chalecos salvavidas.

Más información
El cenote está abierto todo el año. La entrada cuesta 100 MXN. Hay vestuarios y aseos. Más información en www.cenotesworld.com/cenotes-en-Coba-Quintana-Roo.

Otras propuestas en cenotes

Yal-Kú
En las afueras de la pequeña localidad de Akumal, esta laguna forma un fascinante entorno salobre en el que un cenote se ha unido al océano: hay un sinfín de peces de colores que viven de sus fértiles aguas, y quizá se vea hasta alguna raya. La entrada cuesta 329 MXN (adultos) y es obligatorio usar chaleco salvavidas; quien no tenga lo puede alquilar.

Imprescindible
La observación de fauna terrestre: las iguanas suelen frecuentar la zona.

Cenote Aktun-ha
Este cenote a cielo abierto se conoce también como el cenote "lavacoches", porque la gente solía usar su agua para lavar el coche. Hoy es un sitio espectacular solo para nadar, con peces, tortugas y muchas plantas locales, en un bellísimo entorno tropical. La entrada cuesta 250 MXN.

Imprescindible
Descubrir la fascinante historia humana de este cenote: hay pruebas de que aquí vivía gente hace ya 10 000 años.

Abrazar un paraje de los primeros habitantes

Aguas glaciales, vistas, perspectiva

Jul-sep

El Glacier National Park, uno de los entornos naturales más prístinos de Norteamérica, fue declarado territorio protegido en 1910 por el Gobierno de EE UU, pero había gente que lo consideraba un lugar especial desde mucho antes. Los pueblos autóctonos de esta región (las tribus pies negros, salish, pend d'oreille y kutenai) llevaban miles de años atesorando estas montañas a la que llaman "La espina dorsal del mundo". Para nadar aquí hay que ser valiente como ellos, porque, como la mayoría de los lagos y ríos del parque, el lago Avalanche se nutre del deshielo, en concreto del agua del deshielo del glaciar Sperry, que sigue fría en pleno verano. Pero la emoción es parte de la diversión.

A través del bosque

La experiencia comienza en el Trail of the Cedars, uno de los senderos más populares del parque, con un tramo final que bordea la garganta del Avalanche y que lleva hasta el lago. El camino está bordeado de gigantescos cedros rojos occidentales y tsugas, además de por helechos y rocas llenas de musgo. Tras algo más de 3 km de subida suave se empieza a entrar el calor y a sudar, pero no dura mucho, porque la recompensa del camino aparece de repente: un enorme lago resplandeciente, custodiado por grandes rocas grises, sobre el que fluyen varias cascadas. Hay que desvestirse rápido, antes de cambiar de idea. La orilla del lago

Dcha.: un oso gris en la orilla del lago Avalanche, quizá en busca de truchas.

Abajo: el Glacier National Park, con sus más de 760 lagos, está protegido desde 1910.

© photogal/Shutterstock; Justin Foulkes/Lonely Planet; maelm/Shutterstock; Alisha Bube/Shutterstock

Mi experiencia

Visité el lago con un amigo fotógrafo, Justin, que prometió fotografiarme nadando. Me metí en una zona del bosque que parecía discreta para ponerme el bikini, y cuando ya estaba terminando el "truco de las bragas" para ponerme la parte de abajo, apareció un grupo de adolescentes. Terminé a toda prisa y salí corriendo hacia el agua, con la esperanza de que el frío me aliviara el sofoco ante a cámara. Un consejo: mejor llevar el bikini debajo de la ropa y no arriesgarse a que te pillen tan "al natural".

Orla Thomas

es poco profunda y se puede chapotear, y el agua está tan clara que una se ve los pies, entrando con valentía. Al avanzar se siente el lecho del lago entre los dedos de los pies. Según el mito de la creación salish, cuyo pueblo vive en la cercana Reserva India de los Flathead, al principio todo era agua. El creador dio vida primero a los animales acuáticos, las personas las creó después, modeladas a partir del limo que cubría el pico de una focha americana. Esta leyenda es una lección de humildad que nos recuerda que el *homo sapiens* es tan solo una de las muchas criaturas nacidas en la Tierra, poco más que una ocurrencia cósmica tardía.

Dcha.: la pasarela del Trail of the Cedars cruza el bosque hasta el lago.

Pág. siguiente: el Buffalo es un río nacional, así que goza de la misma protección que un parque nacional.

El agua

Hay que lanzarse al agua y sumergirse unos instantes. Al emerger, el frío habrá acelerado la respiración, pero el aire que se respira es tan puro que casi parece medicinal. Perfumado por los árboles circundantes, cada bocanada es revitalizante. Para recuperar la calma es buena idea centrar la atención en el Little Matterhorn, un pico de 2404 m que guarda un asombroso parecido con su homónimo europeo, mucho mayor. Se pueden dar unas brazadas a su sombra, con todos los sentidos avivados, y regresar a la orilla. Como los primeros habitantes de estas tierras, se adquiere respeto por la majestuosidad de este entorno tan prístino, así como por su innegable belleza.

Imprescindible

→ Las miradas de admiración desde la orilla.

→ Calentarse junto a la chimenea del vestíbulo "taxidérmico" de Lake McDonald Lodge.

→ Circular por la Going-to-the-Sun-Road.

Decídete

Cómo llegar
El aeropuerto international Glacier Park está a 1 h al volante del inicio del sendero; y desde allí hay una caminata de 8 km (ida y vuelta) al lago Avalanche. Otra opción es alojarse en un *lodge* local que ofrezca la recogida en el aeropuerto y la conexión con la lanzadera (gratis) al arroyo Avalanche.

Nivel de dificultad
Todo el mundo puede nadar aquí, pero poco rato para evitar el riesgo de hipotermia (según el British Journal of Sports Medicine lo recomendable es pasar menos de 10 min en agua fría). El Trail of the Cedars es accesible en silla de ruedas. Para ir de excursión se aconseja llevar espray para osos (véase www.nps.gov).

Más información
El parque abre todo el año, pero la accesibilidad varía según la temporada y muchos negocios y servicios solo abren de mayo a septiembre. No hay vestuarios en el lago, pero sí un aseo en el Trail of Cedars. Más información en www.visitmt.com.

Otras propuestas en parques de EE UU

Townsend Wye
Es uno de los sitios más accesibles para nadar del Great Smoky Mountains National Park: la confluencia de dos brazos del río Little River. Con una playa de guijarros rodeada de árboles, es una zona ideal para ir en familia, y en verano el ambiente es de parque acuático. Hay mucho espacio para nadar, pero atendiendo a las zonas profundas y las corrientes.

Imprescindible
Alquilar un neumático hinchable para un rápido descenso por los minirrápidos.

Río Buffalo
El primero en ser declarado río nacional de EEUU, en Arkansas, el Buffalo serpentea por los Ozarks, una cordillera que la serie homónima de Netflix ayudó a geolocalizar. A lo largo de sus 217 km ofrece entornos muy variados: se puede saltar al río desde el puente Ponca Low-Water o nadar entre altos acantilados en el panorámico Steel Creek.

Imprescindible
Nadar al alba o al anochecer, cuando se pueden ver wapitíes entre los árboles.

Desafiar a las aguas frías y a un pez gigante

♡ Criptozoología, arena púrpura, aguas gélidas

🕓 Jul-ago

Los rumores son algo muy común en los pueblos pequeños de todo el mundo, nacen del aburrimiento y a veces de la necesidad. Y en la pequeña comunidad de Cold Lake nadie es inmune a los rumores, ni tan solo el lago que le da nombre.

Hay quien asegura que este enorme lago de la frontera entre Alberta y Saskatchewan se formó cuando un meteorito impactó contra la Tierra, y que las docenas de lagos que lo rodean son consecuencia de sus escombros (según los geólogos, es probable que el lago se formara durante el retroceso de la capa de hielo Laurentino tras el último período glaciar, lo cual no tiene tanta miga). También dicen que es tan profundo que nunca se ha encontrado el fondo (mide 100 m de profundidad, que ya es muy impresionante). Pero el rumor más extendido es el de Kinosoo, la trucha gigante que, al parecer, vive en sus profundidades.

Un lago de proporciones míticas

Según el libro de historia del pueblo, *Treasured Scales of the Kinosoo*, la historia del "gran pez" es tal cual sigue: un joven guerrero cruzaba el lago a remo para verse con su amada cuando un pez gigante atrapó la canoa con la boca y la partió en dos. Del guerrero, nada más se supo. Desapareció. Se dice que las truchas

Dcha.: las auroras boreales se pueden ver en Alberta desde septiembre.

Abajo: el pueblo cree llamó al lago Kinosoo; lo de Cold Lake se lo pusieron los colonos europeos.

Mi experiencia

Si tuviera que dar un consejo sobre el Cold Lake, sería este: recomiendo no bañarse desnudo en la playa de Kinosoo. Por muy tentadores que sean sus largos bancos de arena, que ofrecen una base suave pero firme donde hacer pie. Estos bancos de arena son larguísimos, y llegan hasta donde el lago cubre mucho, por lo que el baño en pelotas puede terminar convertido en un interminable espectáculo. Nací en Cold Lake, pero no aprendí esta lección tan vital hasta los 20 años. Desde entonces, he viajado por todo el mundo, me he bañado en lagos y ríos, desnuda y en bañador, pero nunca he encontrado un lago tan refrescante o que me provoque el temor constante de que algo acecha ahí abajo.
Jessica Wynne Lockhart

Izda.: en Alberta se ven somormujos cuellirojos en primavera, que es época de cría.

Pág. siguiente: una osa negra y sus oseznos en el Meadow Lake Provincial Park.

que se pescan ahora en el lago (que son de tamaño legendario) son las hijas de la gran Kinosoo.

No obstante, lo que no es un rumor es la gélida temperatura de sus aguas. Se nota nada más entrar. Es la cura de todas las resacas habidas y por haber. Se descubren terminaciones nerviosas de las que ni se sospechaba que existieran, desde los folículos pilosos de la cabeza hasta la uña del dedo meñique del pie. Pero si hace sol y es verano, cuando el agua más próxima a la orilla se atempera un poco, tanto los niños como los adultos pueden pasar horas chapoteando alegremente. Y el lago está tan límpido que se distingue el fondo, al menos así se podrá ver venir la trucha gigante.

Más cuentos

Al final, aunque ninguno de los rumores sea cierto, es difícil no ver este lugar como un sitio mágico. Hay somormujos que bailan sobre el agua en pleno cortejo (el lago está situado en una importante ruta de aves migratorias); si se escarba en la arena se ven gruesas bandas de color rosa y morado, que son finos granos de piedra granate; si se rebusca entre los guijarros de la playa se encuentran trozos de madera petrificada; y si se visita el lago en otoño, cuando las noches son largas y los cielos están despejados, incluso es posible ver auroras boreales, que brillan en la tranquila superficie del lago.

Imprescindible

→ **Explorar la diminuta isla del lago, Murray, en el lado norte.**

→ **Admirar la arena púrpura de Garnet Beach.**

→ **Trasnochar para ver las auroras boreales reflejadas en el agua.**

Decídete

Cómo llegar

Cold Lake está a 3½ h al volante al noreste de Edmonton, Alberta, en la frontera con Saskatchewan. No hay autobuses, por lo que se hace necesario alquilar un vehículo. Por el camino se puede parar en Glendon y ver la empanadilla más grande del mundo.

Nivel de dificultad

Puede que la fría temperatura del agua acelere el corazón, pero todo acelera el corazón en esta aventura. La playa de Kinosoo y el Cold Lake Provincial Park cuentan con dos de las playas más accesibles del lago, con fondo de arena y casi sin rocas con las que tropezar.

Más información

Los niños adoran el parque acuático y las zonas de salto de la playa de Kinosoo, donde también hay lavabos públicos y vestuarios. Se puede acampar en el Provincial Park y en el Cold Lake M.D. Park, pero ambos sitios se llenan enseguida durante los puentes de verano.

Otras propuestas en lagos vecinos

Lago Crane
Es el "hermano pequeño" del Cold Lake (los lugareños también lo llaman lago Moore) y el destino ideal para practicar esquí acuático, pesca y, por supuesto, para nadar. Es mucho más pequeño que el Cold Lake y el agua suele estar más templada. Se halla 16 km al oeste de su "hermano mayor". Otra atracción del lugar: es la mejor región de cabañas de Alberta.

Imprescindible
Saltar desde el muelle flotante que hay cerca de la zona de acampada.

Meadow Lake Provincial Park
El Cold River nace del Cold Lake y fluye hasta Saskatchewan, para desembocar en este parque. Es un parque popular entre las familias, con 12 zonas de acampada y más de 20 lagos, incluido el Lac des Îles. Hay que tener cuidado con los osos negros, que abundan por esta zona y también les gusta darse algún chapuzón.

Imprescindible
Ir de excursión a playas recónditas por el Boreal Trail (135 km) del Meadow Lake Provincial Park.

Asia

© AVIGATOR FORTUNER / SHUTTERSTOCK

Bahía de Saracen, Koh Rong Samloem, Camboya

Dicha turquesa en una isla tropical

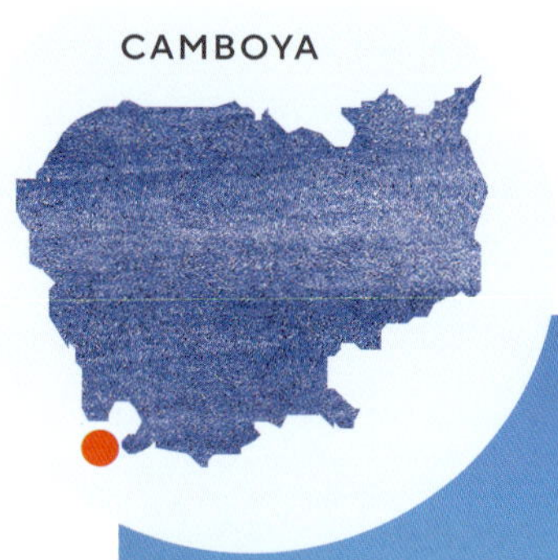

Serenidad, playas cálidas, ambiente de náufrago

Nov-may

La bahía de Saracen, una playa idílica en la remota isla de Koh Rong Samloem, envuelta en jungla, es la idea que mucha gente tiene del paraíso. Sus palmeras cimbreantes, la apacible brisa marina y los largos días de sol seducen al instante. Es la playa principal de esta isla diminuta, una grácil curva de aguas cristalinas bordeada de arena blanca tan suave que se siente como la seda entre los pies. Un mar tranquilo se aleja hasta el horizonte y brilla, turquesa, bajo el sol. Cerca de la orilla el agua es tan clara que cuesta ver dónde termina la arena y dónde empieza el mar.

Sueños de náufrago

La vista es espectacular allí donde se mire. Pese al puñado de restaurantes y resorts turísticos que hay a lo largo de los 3 km de playa, es un lugar muy apacible. A veces parece que no hay nadie más alrededor. Al ser un sitio tan remoto hay menos turistas y la tranquilidad es total, ya que la única forma de desplazarse por la isla es a pie o en barco. Hay senderos por el interior, montañoso y arbolado, pero la principal actividad es tumbarse en una hamaca bajo una palmera o mecerse en un columpio sobre el mar.

Dcha.: el amanecer de Koh Rong Samloem, en el golfo de Tailandia, a 28 km de la costa camboyana.

Abajo: la costa de esta isla selvática se sumerge en aguas tropicales someras, bordeadas de playas de arena.

Mi experiencia

Como devota de las playas, aprecio la arena blanquísima, las palmeras tropicales y los mares turquesas de aguas tranquilas; y en la bahía de Saracen hallé la felicidad. Fiel a mi ritual playero perfeccionado con los años, planté mi *sarong* bajo una palmera y disfruté de las vistas. Era todo un espectáculo. Cuando empecé a notar el calor del sol en la piel, me dirigí al mar. El agua estaba fresquísima, suave y sensual. Me zambullí con los ojos abiertos, como una sirena de agua salada. Floté bocarriba, chapoteé y jugué, disfrutando las caricias de las olas. Satisfecha, me tumbé a la sombra de la palmera y dejé que el sol me secara la piel y me moldeara rizos salados en el pelo.

Olivia Pozzan

Izda.: las aguas cristalinas invitan a la exploración submarina.

Pág. siguiente: un bañista entre la riqueza marina del mar de Andamán, cerca de Ko Kradan.

Imprescindible

→ **Saborear cócteles en la playa.**

→ **Ver la gran puesta de sol desde Sunset Beach, a un corto paseo a pie por la jungla.**

→ **Hacer submarinismo o esnórquel en un jardín subacuático**

Adaptarse al ritmo lento de la isla no cuesta. Los días transcurren en un bucle sublime de baños de sol y de mar. La mente se relaja, los sentidos despiertan y una se siente en sintonía con los tesoros de la naturaleza: el calmante sonido de las olas que besan la orilla, la bella paleta de colores de la puesta de sol, la sensual brisa marina, el esplendor de las noches estrelladas. Placeres sencillos que son futuros recuerdos que no tienen precio. Es algo realmente mágico.

Un mar encantado

Nadar en las aguas de esta bahía es como deslizarse entre satén líquido. La suave caricia del mar semeja un abrazo refrescante que invita a sumergirse en sus aguas cristalinas. Y al hacerlo, es difícil no dejarse llevar por la ensoñación. El lecho marino es un largo trecho de arena blanca sobre el cual ondula nuestra propia sombra. Los peces curiosos que nadan alrededor son como destellos plateados bajo la luz del sol. De noche, lejos de las luces de los resorts, el mar brilla con el plancton bioluminiscente, que centellea a modo de lucecitas de jardín allí donde el agua se agita.

La naturaleza refresca, relaja y sana; y en un paraje tan exquisito como este toda preocupación parece desvanecerse. Nuestra otra vida no existe: todo el mundo se reduce al mar de color turquesa, el cielo cerúleo y la serenidad eterna de este momento.

Decídete

Cómo llegar
Koh Rong Samloem está a 25 km de la costa de Sihanoukville, en el sur de Camboya. Hay ferris directos a la bahía de Saracen (45-60 min).

Nivel de dificultad
Nadar en estas playas es muy fácil para todo el mundo, pero la isla no es muy accesible en silla de ruedas. No existen vehículos ni motos y, aparte de los dos embarcaderos, no hay caminos asfaltados.

Más información
La bahía se puede visitar como excursión de un día, pero la duración de los trayectos en ferri (más la espera) reduce a solo unas pocas horas el tiempo de disfrutar de la playa. No hay lavabos públicos ni vestuario, pero sí muchas opciones de alojamiento, de bungalós rústicos a cómodos resorts, y todos con restaurantes y bares. Para más información, visítese www.visitkohrong.com/samloem.

Otras propuestas tropicales

Ko Kradan, Tailandia
Una de las maravillosas islas de Trang, en el mar de Andamán, Ko Kradan es diminuta y tiene pocos resorts, pero su playa es increíble: una fina franja de arena blanquísima bordeada de un mar aguamarina cristalino, perfecta para practicar esnórquel desde la misma playa. Pese a su popularidad, de noche, cuando se van los turistas, es un lugar tranquilo y romántico de ensueño.

Imprescindible
Explorar la cueva Esmeralda, una laguna mágica escondida en la vecina Ko Mook.

Tapuaetai 'One Foot Island', Islas Cook
Como ya sugiere su nombre (isla de un solo pie), este islote del atolón Aitutaki es diminuto: menos de 800 m de largo. Se halla al borde de una espléndida laguna azul y es bello a rabiar: una embriagadora mezcla de aguas turquesas, arena blanquísima y cocoteros ondulantes. Se puede alquilar la única cabaña que hay en la isla.

Imprescindible
Sellar el pasaporte en la oficina de correos (el otro único edificio de la isla).

Parque Nacional de Erawan, provincia de Kanchanaburi, Tailandia

Nadar en un paraíso de cascadas

Jungla, senderismo, inmersión en la naturaleza

Nov-feb

Para muchos viajeros, Tailandia conjura imágenes de islas tropicales, arrecifes en tecnicolor y brisas del mar de la China Meridional. Sin embargo, quien se aventure al noroeste de Bangkok hallará un escenario totalmente diferente para nadar al aire libre: las cascadas del Parque Nacional de Erawan.

Erawan comprende un tramo de jungla en la orilla sur del río Kwai Yai, punto estratégico de la II Guerra Mundial asociado a una película clásica: *El puente sobre el río Kwai*. Hoy el río se dedica a actividades pacíficas y su curso está bordeado de hoteles y resorts. Una carretera hacia el sur desde el río remonta los montes suaves de Tenasserim hasta la misma entrada del parque.

En la jungla

Aunque Erawan tiene una superficie seis veces mayor que la de Manhattan, casi todos los visitantes optan por ir a una pequeña zona donde siete pozas de tonos turquesas se suceden por la frondosa ladera del monte. No son las cascadas más grandes del país ni las más bonitas, pero sí de las más paradisíacas, algo así como un set de rodaje de anuncio de champú. Ir de peseo por los húmedos senderos entre cascada y cascada, parando a refrescarse con un chapuzón, es una sublime introducción a la jungla tailandesa. La primera de las cascadas (Lai Khuen

Dcha.: una de las siete cascadas del P. N. de Erawan, que debe su nombre a un elefante sagrado.

Abajo: se puede nadar en todas las pozas, que se conectan entre sí por un sendero de 3 km.

© sevenke/Shutterstock; Justin Foulkes/Lonely Planet; Perfect Lazybones/Shutterstock

Mi experiencia

El Parque Nacional Erawan es uno de los rincones más espectaculares de Tailandia, pero también uno de los más concurridos, con un flujo constante de autocares que llegan desde Bangkok y Kanchanaburi. La solución –como me aconsejó un amigo del país– es madrugar, entrar en cuanto el parque abre y poner rumbo hacia las cascadas enseguida. La mayoría de los visitantes se quedan absortos (y con razón) ante los primeros saltos, así que la multitud tarda bastante rato en llegar a las zonas más elevadas de Erawan. Centré la vista en el sendero para evitar tentaciones, y al rato tenía la cascada de Phu Pha para mí solo. Durante casi 1 h estuve flotando en el agua y escuchando el canto de las aves de la jungla, hasta que, finalmente, las voces humanas se unieron al coro.

Oliver Smith

Rang) es un aperitivo de la segunda (Wang Matcha), la más accesible, donde se nada en una poza honda entre peces y es posible refugiarse en una pequeña gruta tras el salto. La tercera cascada (Pha Nam Tok), como unas Niágara en miniatura, cae a plomo sobre la espalda. La cuarta (Oke Nang Peesau) invita a flotar bocarriba disfrutando del sonido del agua entre las rocas. Tras este cuarto salto el sendero se vuelve más totuoso. En su parte más remota el parque alberga elefantes asiáticos, osos negros y gibones, pero es poco probable ver ninguno por el camino, bien delimitado, aunque no hay que perder de vista a los traviesos macacos (tienen fama de robar ropa y comida en cuanto uno se descuida).

Dcha.: un macaco rabón, una de las 13 especies de monos que hay en Tailandia.

Pág. siguiente: la poza Esmeralda, en Krabi, se nutre de manantiales naturales de las colinas.

El séptimo cielo

Las cascadas quinta y sexta son de las más recónditas del río selvático, y tras ellas termina el sendero asfaltado. Puede que haya que trepar un poco para llegar a la última parte de la aventura, la Phu Pha Erawan, la séptima cascada y la que da nombre al parque. "Erawan" hace referencia a un elefante blanco de tres cabezas venerado en la mitología hindú al que a menudo suele montar Indra, rey de los cielos. Se supone que la forma del elefante se adivina en las rocas del lugar; hay quien la ve y otros que no, pero todo el mundo coincide en que nadar en las siete pozas de Erawan supone una forma divina de pasar un día en la Tierra.

Imprescindible

→ **Lanzarse por el tobogán natural de la Oke Nang Peesau.**

→ **El mordisqueo de los peces en los pies (inofensivo, pero hace cosquillas).**

→ **Ver las estalactitas de la cueva Phra That.**

Decídete

Cómo llegar

El Parque Nacional Erawan está a unas 3-4 h de Bangkok por carretera y a 1 h de Kanchanaburi, núcleo principal de la región. Es posible ir en autobuses locales, pero muchos operadores ofrecen excursiones de un día a las cascadas desde ambas ciudades.

Nivel de dificultad

Las pozas de Erawan son un sitio seguro para nadar, pero hay que ir con cuidado porque no hay salvavidas oficiales y las pozas más altas quedan un poco alejadas en caso de surgir algún problema. El camino más allá de la cuarta cascada es duro para personas con movilidad reducida.

Más información

Algo clave en Erawan es el nivel del agua: las cascadas lucen más espléndidas a partir de septiembre, tras las lluvias, mientras que en marzo su cauce se reduce mucho. Erawan se llena durante el festival anual del Songkran, que incluye combates de agua. Una buena fuente para ampliar información, sin ser un portal oficial, es Thai National Parks (www.thainationalparks.com).

Otras propuestas tailandesas

Sai Yok Noi

La cascada de Sai Yok Noi no es tan espectacular como las famosas siete cascadas de Erawan, pero está muy bien ubicada junto a la carretera 323 y al final de la línea de tren (la "Death Railway", famosa en la II Guerra Mundial), en Kanchanaburi. Es buena idea darse un baño bajo los acantilados calizos y después unirse a las familias tailandesas que van de pícnic a los bosques cercanos.

Imprescindible

Explorar la histórica locomotora aparcada cerca de la cascada.

Poza Esmeralda

Esta poza, cuyo nombre tailandés es Sa Morakot, es otro precioso sitio para nadar en agua dulce: un lago que se nutre de manantiales de las boscosas colinas de Krabi. Para llegar a sus bellas aguas turquesas hay que andar 800 m por senderos de jungla bien cuidados y pasar por la poza vecina, la "Blue Pool", donde no se permite nadar -qué pena- pero sí echar un vistazo a sus profundidades cristalinas.

Imprescindible

Nadar hasta los manantiales termales, donde el agua está más caliente.

Lago Issyk-Kul, cordillera Tian Shan, Kirguistán

Flotar a la sombra de montañas celestiales

Misticismo, biodiversidad, vistas a las montañas

Ago o sep

Kirguistán, en Asia Central, es un territorio crecido en vertical, con picos de 5000 m por casi todas partes y estepas que cubren miles de kilómetros a modo de patio de miles de pastores nómadas. Parece lógico que el lago Issyk-Kul, al este del país, se adhiera a esta regla de majestuosidad nacional.

Marítimo y montañoso a la vez, el lago parece contener todos los elementos geográficos posibles: los celestiales montes de la cordillera de Tian Shan, la vasta estepa verde, pueblos pintorescos, desiertos inhóspitos y, por supuesto, sus aguas místicas.

Quien se estrene en la natación al aire libre disfrutará en las playas oficiales del lago, como las de Balikci, Tamchy o la de la popular localidad turística de Cholpon-Ata. En la asociación de turismo comunitaria (CBT) pueden recomendar otras más remotas, aunque para dar con un sitio tranquilo para nadar basta con andar un poco o seguir las huellas de los caballos salvajes por los senderos que llevan al lago.

Baños reparadores y tiempos pasados

Issyk-Kul significa "lago templado", en el sentido de que el lago no se hiela del todo durante los severos inviernos kirguises. En verano el agua alcanza los 22°C y es el momento de zambullirse en sus profundidades cristalinas. Nutrido por ríos, arroyos y glaciares, el Issyk-Kul es salino y rico

Dcha.: el Issyk-Kul es el segundo lago alpino mayor del mundo, tras el Titicaca en los Andes.

Abajo: con aguas ricas en minerales, el lago es un popular destino vacacional nacional.

© MehmetO/Shutterstock; Pikoso.kz/Shutterstock; Assawin Chomjit/Getty Images

Mi experiencia

Como las caravanas de la Ruta de la Seda de antaño, llegar al lago Issyk-Kul significaba para mí un poco de paz y solaz. Cuatro meses y 1600 km después de abandonar Kirguistán con tres caballos, un caluroso día de mediados de agosto, las aguas brillantes del Issyk-Kul por fin aparecieron en el horizonte. Allí terminaría mi travesía a caballo y sin guía por el país. Al adentrarme en las aguas de la orilla sur sentí cómo mi mente se liberaba de todo el peso, la responsabilidad y la fatiga de la aventura. Las olas me acariciaban la espalda y una sensación de hermandad con los espíritus de quienes buscaron refugio y revitalización en estas aguas inundó mi corazón. Me sentí satisfecha, como si me hubiera ganado mi sitio en la historia de la región y en el ecosistema de esta tierra.
Ashley Parsons

Izda.: caballos pastando cerca del lago; la región es famosa por sus rutas ecuestres.

Pág. siguiente: una cigüeña negra sobrevuela el tranquilo lago Markakol, en Kazajistán.

Imprescindible

→ **Un baño al alba, con los montes vestidos de colores.**

→ **Una buena infusión de espino amarillo después de nadar.**

→ **Dormir en un campamento de *yurtas* kirguís en la orilla.**

en minerales. Una leyenda local cuenta que se llenó con las lágrimas de un leopardo de las nieves; otra historia más prosaica es la de los sanatorios de la época soviética que funcionaron en sus orillas.

Sin embargo, el lago tiene un valor que va más allá de sus minerales reparadores: desde tiempos inmemoriales es un lugar sagrado para las tribus kirguisas. Las ciudades y poblados sumergidos de la Ruta de la Seda permanecen en gran parte inexplorados, en su mayoría cerca de la actual Cholpon-Ata. Cada dos por tres aparecen objetos de la Edad del Bronce. Con unas gafas de buceo y un poco de suerte quizá se descubra una vasija o una moneda antigua; no es algo raro en los pantanales.

Promesa de claridad

Un chapuzón es también una visita a un ecosistema próspero que cuida el equilibrio entre la naturaleza y el ser humano. Un vistazo a las orillas muestra que los huertos de albaricoques y manzanas bullen de actividad. Bajo la superficie, los peces endémicos hacen su ronda. En los pantanales viven, pescan y anidan aves poco comunes.

El lago aparece en textos antiguos como el Manás y en novelas modernas como *La nave blanca*, de Aitmatov, y el realismo mágico baña sus orillas. Flotando en él podría aparecerse el espíritu de un kan dispuesto a impartir su sabiduría o animarte a meditar mientras flotas en sus apacibles aguas azules. Un baño sereno promete claridad.

Decídete

Cómo llegar

Desde la capital, Biskek, lo más fácil para llegar al lago es con un microbús o *marshrutka*. Varios de ellos ponen rumbo a diario a localidades lacustres como Balikci (2-3 h), Tamchy (3 h) o Cholpon-Ata (3-4 h). También se puede ir en taxi compartido. En verano es buena idea optar por el lento tren panorámico (5 h) Biskek-Balikci.

Nivel de dificultad

El lago es apto para todos los nadadores, sobre todo en verano, cuando la temperatura del agua es agradable. Kirguistán puede ser un destino difícil para personas con movilidad reducida, pero nadar en el lago no lo es tanto: hay playas muy poco profundas. Algunos pueblos alrededor del lago tienen pequeños embarcaderos.

Más información

El acceso al lago es gratis, pero algunos resorts y playas cobran por alquilar tumbonas. En verano hay que reservar alojamiento con antelación. Algunos pueblos tienen vestuarios y cafés. Si se busca algo más recóndito, basta con alejarse un poco de los pueblos. Más información en www.cbtkyrgyzstan.kg.

Otras propuestas en Asia Central

Markakol, Kazajistán
Este lago se halla en la cordillera de Altái, al este de Kazajistán, entre prados alpinos y abetos. Aunque está en una reserva de biodiversidad, nadie se ha molestado en prohibir el baño en él: la temperatura del agua está un par de grados bajo cero. Si alguien osa darse un chapuzón revitalizante, es un paraíso para hacerlo.

Imprescindible
Entrar en calor junto al fogón en una *yurta* tradicional de la zona tras el chapuzón.

Tudakul, Uzbekistán
A 30 km de la ciudad-oasis de Bujará hay otro oasis: el embalse de Tudakul. Surgido por una crecida de las aguas en 1952, sus orillas de arena atraen a urbanitas que huyen del calor veraniego. Rodeado por el desierto de Kyzyl Kum, el agua es de lo más refrescante y se avista una gran variedad de aves en las marismas vecinas.

Imprescindible
Disfrutar del *shashlik* (cordero a la parrilla) en una *topchan* uzbeka, una especie de mesa cubierta y elevada.

Río Katsura, Kioto, Japón

Ceder a las gélidas aguas de un río de montaña

Rejuvenecer, socializar, evasión de montaña

Ago-oct

Escondido entre las colinas al noroeste de la capital espiritual del país, Kioto, el Katsura es un río perfecto para disfrutar del aire libre. A la sombra de los arces, sus aguas no son del todo azules ni verdes, más bien combinan ambos colores, y brillan con un fulgor casi radiactivo al serpentear entre barrancos rocosos. Tiene playas de guijarros poco hondas y pozas profundas que invitan a darse un chapuzón.

Un buen lugar para nadar es la zona de Utsukyo, donde el río fluye suave entre rocas lo suficientemente grandes para que quepan mantas de pícnic. Como el agua baja de las montañas, la corriente está muy fría y darse un baño resulta de lo más vigorizante.

El aroma a cedro flota en el aire, una dulzura que se saborea en las aguas de color verde azulado. El Katsura tiene una presencia elemental que parece alcanzar todos los aspectos de la vida de la zona. Incluso cuando el río no se ve, se puede sentir su humedad y escuchar su sosegado fluir entre las rocas.

Una diversión ancestral

La muy tradicional cultura japonesa no es famosa por su desenfreno temerario ni por saltarse las normas, ni mucho menos; pero sumergirse en aguas naturales ha sido un pasatiempo favorito nipón desde hace siglos. Con la llegada del budismo, en el s. VI, los baños rituales se convirtieron en una parte significativa de la vida en el "país del sol naciente": sus seguidores

Dcha.: el otoño llega a los bosques de las afueras de Kioto y viste los árboles de rojo, naranja y dorado.

Abajo: una turista japonesa vestida con el kimono tradicional a orillas del Katsura.

© Madlen/Shutterstock; Anton Petrus/Getty Images; Siwabud Veerapaisarn/EyeEm/Getty Images

Mi experiencia

Sucumbí por primera vez a las aguas del río Katsura mientras pasaba un fin de semana de senderismo y acampada con mis amigos celebrando un cumpleaños a finales de octubre. El sol aún brillaba cálido a mediodía, pero las mañanas frescas eran el momento ideal para un chapuzón revigorizante. Primero introduje un pie, que retiré veloz al primer contacto gélido con el agua. De lejos oí un chapoteo y un grito ahogado. Alguien se había lanzado al agua. Los gritos me animaron, respiré hondo y salté al río desde un puente de piedra bajo. El agua solo me llegaba a la cintura, pero el hormigueo de las piernas trepó por todo mi cuerpo hasta ruborizarme la cara. Fue mi triunfo del día, antes de salir disparada hacia la orilla.
Rachel Davies

debían limpiarse tanto física como espiritualmente antes de entrar en un lugar de culto, una costumbre conocida como *saikaimokuyoku*. Aquellas antiguas enseñanzas persisten y a día de hoy se reconoce la función del agua en la vida cotidiana y en la salud.

Dcha.: luciérnagas, que brillan en el bosque en junio, en plena luminiscencia.

Pág. siguiente: un cerezo en flor a orillas del lago Biwa.

Inmersiones sanadoras

Al penetrar en el apacible caudal del Katsura se siente en la piel el frescor del agua, que limpia las preocupaciones y eleva el alma. El agua está fría incluso los días más calurosos de pleno agosto. Respirar hondo -y llenar bien los pulmones- infunde calma antes de la inmersión.

Estas aguas tan frías parecen invocar la claridad. Los sentidos, agudizados, captan el sonido de la gente de la orilla, de la brisa entre los cedros o del correteo de la fauna salvaje entre la maleza. Una se abandona al placer de nadar al aire libre mientras admira el *komorebi* (término muy japonés que define la luz que se filtra entre los árboles).

La gente acude a este refugio de la naturaleza todos los días, del alba al anochecer. Los más valientes lo hacen a lo largo de todo el año, incluso cuando la temperatura cae bajo cero y el agua del río evita congelarse por su constante fluir. Tras un baño en el río se emerge con su fuerza revigorizante que tira del corazón como la cuerda de una amarra. Es imposible nadar en él y no prometer volver.

Imprescindible

→ El brillo de las luciérnagas a principios de junio.

→ Un pícnic en la orilla del río.

→ La breve excursión a las ruinas del castillo de Utsu.

Decídete

Cómo llegar
Lo más rápido para llegar al río es ir en coche desde Kioto (55 min). En transporte público, hay que tomar la línea Sanin desde Kioto hasta Sonobe y después un taxi hasta el Utsukyo Park Camping Ground.

Nivel de dificultad
La zona de nado en el Utsukyo Park Camping Ground es apta para todas las edades y capacidades. Las corrientes son suaves y nunca se pierde el fondo a pie. Algunas pozas más remotas demandan algo más de forma física porque hay que andar un poco para llegar hasta ellas. En invierno el agua está muy fría y nadie debería bañarse a solas ni durante mucho tiempo.

Más información
El acceso es totalmente gratis y sisponible todo el año. En invierno es más inaccesible por las nevadas en los puertos de montaña. El *camping* tiene vestuarios y aseos, aunque hay que pagar para utilizarlos. Para más información, visítese www.fuw.jp/utsukyoh.

Otras propuestas japonesas

Río Nagara
Más ancho y profundo que el Katsura en muchas zonas, este río de la prefectura de Gifu está lleno de antiguas presas, con orillas inclinadas y aguas tranquilas. Serpentea entre las montañas y ofrece varias pozas de nado. Los bañistas habituales suelen llevar tablas de surf de remo y kayaks.

Imprescindible
Bañarse al pie del santuario Suhara, fundado en el año 717.

Lago Biwa
Este lago de la prefectura de Shiga, en la isla principal de Japón, Honshu, tiene bellas playas donde relajarse y aguas tranquilas para nadar. Es el lago más largo de Japón, con 670 km^2, y posee un cautivador ambiente comunitario, con amigos que se reúnen en la orilla para merendar y disfrutar del agua.

Imprescindible
Pasar el día en la playa de Omimaiko, de arena y muy acogedora, arropada por los pinos.

Europa

Lago de Braies, Tirol del Sur, Italia

Sumergirse en un legendario lago alpino

♡ Montañas, historia, agua fría

🕓 Jul-sep

Los Dolomitas italianos son un imán para los aventureros: en invierno, sus pistas negras se llenan de esquiadores y en verano, intrépidos escaladores suben su vertiginosa vía ferrata. Pero quizá los más osados son los nadadores que se atreven a zambullirse en las gélidas aguas de sus lagos de montaña, nutridos por el deshielo de las cumbres circundantes.

En el lago de Braies se permite nadar, aunque al estar a casi 1500 m, cualquier inmersión será necesariamente breve, intensa y tonificante. Con todo, constituye uno de los lugares más hechizantes para nadar de los Alpes. Un corto paseo desde un aparcamiento conduce a su vista más famosa: un destartalado embarcadero de madera que asoma sobre sus tranquilas aguas, como un espejo, con una pequeña capilla en una pedregosa playa y, rodeándolo todo, un bosque de coníferas que se aferra a los imponentes acantilados. Es inevitable alzar la mirada hacia los picos, que despuntan con complicidad sobre el caldero en el que se reflejan. Puede que las cumbres calizas de los Dolomitas no sean las más altas de los Alpes, pero para muchos resultan las más espectaculares de Europa.

Un pasado convulso

Pero estos paisajes no son más que una mera distracción: quienes se atrevan a darse un helado remojón deberán mirar a su turbio pasado en el solitario Hotel Lago di Braies, escenario de un oscuro capítulo de la historia europea: en las postrimerías de la II Guerra Mundial, este

Dcha.: el alpino lago de Braies con el pico Croda del Becco asomando detrás.

Abajo: cuenta la leyenda que, cada 100 años, el lago se convierte en la entrada al inframundo.

© Gaspar Janos/Shutterstock; Alberto Masnovo/Shutterstock

Mi experiencia

Aunque tenía previsto dar unas brazadas en el lago de Braies durante un viaje por los Dolomitas, no encontré el momento hasta la última noche, pues la etérea belleza de estas montañas hizo que el tiempo pasara volando. Tras equivocarme con Google Maps, finalmente llegué al lago entrada ya la noche, sin rastro de turistas y después de que los huéspedes del hotel que hay junto al lago hubieran apagado sus lamparitas de noche. Nadar a la luz de las estrellas, bajo un firmamento salpicado de espectrales nubes, fue una experiencia maravillosa. Luego, eso sí, estuve 1 h sentado en el automóvil, con la calefacción a tope, tratando de recuperar la sensibilidad de las extremidades.
Oliver Smith

Izda.: las aguas de este lago a 1500 m de altura están frías de veras.

Pág. siguiente: el clima suave que se da en la zona del lago de Caldaro es perfecto para la viticultura.

Imprescindible

→ **Observar las cristalinas profundidades esmeralda del lago.**

→ **Ver las cascadas que vierten sus aguas en la orilla este del lago.**

→ **Visitar la pequeña capilla junto al agua.**

edificio fue requisado por los nazis para usarlo como centro de concentración de prisioneros muy preciados, entre ellos los exlíderes de Francia, Austria y Hungría, y los familiares de los oficiales implicados en la conspiración para asesinar a Hitler en julio de 1944. Todos fueron recluidos en este pequeño complejo escondido en un tranquilo rincón de los Alpes en el que hoy, ante todo, se respira paz.

Un lago de leyenda

Una vez dentro del agua, se reparará en la imponente Croda del Becco (o Seekofel, en alemán), una mole de 2810 m que se eleva junto a la orilla sur del lago: una encrucijada lingüística que, pese a encontrarse en territorio italiano, está dominada por germanoparlantes y algún que otro hablante de ladino, la lengua romance derivada del latín en la que se comunicaban los legionarios romanos apostados en estos valles. Según la mitología ladina, este monte vendría a ser una entrada al infierno; de hecho, se cree que cada 100 años se abre una puerta secreta y una bella princesa rema bajo la luna llena.

En su ausencia, habrá que nadar entre los turistas que alquilan botes por horas, aunque, a decir verdad, cualquiera que tenga las agallas necesarias para lanzarse a las aguas del lago de Braies podrá sentirse un verdadero personaje de leyenda.

Decídete

Cómo llegar
Ir al lago de Braies en transporte público es complicado pero factible. En Bolzano, la capital del Tirol del Sur, se toma un tren al pueblo de Franzensfeste y luego, el autobús nº 442 a Braies (conocido como Pragser Wildsee en alemán); en total, unas 2½ h.

Nivel de dificultad
La temperatura en el lago de Braies rara vez supera los 4°C, y en pleno invierno, hasta puede llegar a helarse. En cualquier época del año es conveniente llevar suficiente ropa de abrigo, una muda seca y un termo con algo caliente para después del baño. Téngase en cuenta que pese a haber un camino alrededor del lago, fuera de los meses más soleados, interesa nadar cerca de la orilla norte para estar más próximo al hotel (o al automóvil).

Más información
La web de la consejería de turismo del Tirol del Sur (www.suedtirol.info) es un recurso excelente.

Otras propuestas en los Alpes italianos

Lago de Caldaro
Aunque la competencia no sea feroz precisamente, según dicen, las aguas más cálidas de los Alpes son las del lago de Caldaro (Kalterer See, en alemán), una masa de agua en forma de corazón al sur de Bolzano, ribeteada de viñedos, huertas y boscosas escarpaduras. Es un popular lugar de veraneo, en especial su rincón noroeste, donde se hallarán una pizzería, tumbonas, barcas a pedales y varios embarcaderos para zambullirse.

Imprescindible
Ver las ruinas del castillo de Castelchiaro asomando sobre el lago.

Laghetto di Fiè
Una opción mucho más agreste y recóndita es el Laghetto di Fiè (Völser Weiher, en alemán), un diminuto lago a resguardo de los inconmensurables montes Rosengarten, en cuya orilla este se encontrará el Schwimmhütte, un café con un embarcadero lo bastante grande como para dar cabida a varias decenas de bañistas.

Imprescindible
Alcanzar la islita en medio del lago y subir una escalera improvisada entre abedules para disfrutar de las vistas alpinas.

Nadar en el maravillosamente sinuoso Wye

Paisajes, *pubs,* aventuras

Jun-sep

El Wye es uno de los ríos más románticos de Gran Bretaña: muchos artistas lo han pintado y músicos han encontrado inspiración en su cantarina corriente; Wordsworth lo definió como "un curso de agua silvestre que camina entre bosques"; y sale en la serie de Netflix Sex *Education.* Los bañistas osados quedarán, en definitiva, prendados de sus aguas.

Espectacular garganta

Tras nacer en las borrascosas montañas de Gales, el Wye riega los manzanares de Herefordshire para, luego, desembocar en el estuario del Severn, bajo el castillo de Chepstow. El lugar más popular para darse un baño se encuentra en su cuenca baja, en Symonds Yat (*yat* significa "garganta" en inglés antiguo), donde el río zigzaguea por la boscosa frontera de Inglaterra y Gales, a veces en mitad del cauce.

Un buen sitio para zambullirse es la orilla oeste, junto al Ye Old Ferrie Inn, donde solo hay que dejarse llevar por la corriente entre colinas que aumentan de tamaño gradualmente. Más adelante se nadará junto a abundantes sauces, casitas, zonas de acampada y una calera del s. XVIII que custodia, silenciosa, este celestial tramo.

Bajo el Gran Doward

Acto seguido, se descubre una de las versiones más salvajes del Wye: la

Dcha.: el Wye discurre de los montes Cámbricos del centro de Gales al estuario del Severn.

Abajo: amanecer en Symonds Yat, o "puerta de Symond", así llamada por un alguacil local.

© xpixel/Shutterstock; James Osmond/Getty Images; James Johnstone/EyeEm/Getty Images

Mi experiencia

Aunque tengo la suerte de haber nadado en los fiordos noruegos, en lagunas caribeñas e incluso (brevemente) entre icebergs patagónicos, he de decir que mis primeros chapuzones formativos tuvieron lugar en el Wye durante las vacaciones escolares. La zona de Symonds Yat tenía un atractivo enorme: podías echar carreras con las barcas, lanzarte al agua con ayuda de una liana al estilo de Tarzán... Pero lo que más me fascinaba, por encima de todo, era poder cruzar a nado la frontera entre Inglaterra y Gales. Cruzar una frontera así suele estar reservado a espías a la fuga o a contrabandistas, pero para un chaval había un elemento de emoción en poder estar durante unos instantes en otro país sin la presencia de adultos.

Oliver Smith

magistral curva que el río traza bajo la atenta mirada del monte Gran Doward, con el monolito calizo del Longstone Pinnacle asomando sobre el dosel forestal. Y aunque en este tramo del río no se aprecia señal de vida humana, se oirá el silbido de los hilos de las cañas de los pescadores; no en vano, el Wye fue en tiempos el principal río británico -fuera de las Highlands escocesas- para la pesca de salmón, hoy una especie bastante diezmada. La zona, pese a todo, tiene gran riqueza histórica: hay castros de la Edad del Hierro que vigilan las colinas y, al oeste, entre los bosques, la cueva del rey Arturo, donde no se encontrará Excálibur, sino restos excavados de mamuts.

Un final adecuado podría ser el Saracens Head Inn, otro entrañable *pub* ribereño, en la margen este, a poco más de medio kilómetro río abajo desde el punto de inicio, muy indicado para secarse en su terraza mientras se saborea la sidra local y se observa el vaivén de un transbordador operado a mano, cuando el tiempo lo permite. Si no apetece nadar contracorriente como los salmones, es posible tomar este ferri o bien desviarse al sur y cruzar el Wye por el puente de Biblins, un puente peatonal sencillo tendido sobre la frontera de Inglaterra con Gales. Aquí, suspendido sobre sus apresuradas aguas, se podrá reflexionar sobre los bucólicos paisajes del Wye que hace siglos inspiraron a Wordsworth y compartir la inmensa felicidad de poder explorar su mundo fluvial.

Dcha.: el Ye Olde Ferrie Inn lleva desde 1473 en este mismo emplazamiento.

Pág. siguiente: se dice que el puente de piedra de Llangynidr es el más antiguo sobre el Wye.

Imprescindible

→ **Brincar sobre el puente de Biblins.**

→ **Ir de 'pub' en 'pub' probando sidras.**

→ **Aventurarse en las entrañas de la cueva del rey Arturo.**

Decídete

Cómo llegar
Llegar a la Symonds Yat en transporte público no es fácil; aun así, se puede ir en autobús desde las localidades de Monmouth y Ross-on-Wye hasta el cruce de la autopista A40 en Whitchurch, desde donde hay que seguir a pie (1,6 km) hasta el pueblo. Calcúlese 45 min/1 h al volante desde Gloucester/Cardiff.

Nivel de dificultad
Aunque el Wye es muy popular entre los aficionados a nadar en espacios naturales, es un río al que hay que tener mucho respeto: conviene comprobar el nivel de las aguas y ser muy cauto ante posibles crecidas. Continuar hasta el Saracens Head Inn, más al sur, es solo para nadadores experimentados, pues no siempre hay ayuda en caso de necesitarla.

Más información
La Junta de Turismo del bosque de Dean y el valle del Wye dispone de más información al respecto (www.visitdeanwye.co.uk).

Otros ríos galeses

Río Usk

El vecino más cercano del Wye es este venerable río, también de tradición salmonera, que tras nacer en los Brecon Beacons, enfila por el borde oriental de los valles del sur de Gales antes de entremezclarse con el agua salada de Newport. El mejor enclave para nadar es junto a los seis arcos del puente de piedra de Llangynidr (el más antiguo del río, al parecer), donde se puede bracear alegremente entre peñascos y verdes islotes.

Imprescindible

Una vez en tierra firme, echar una "carrera de ramas" desde el puente.

Río Neath

El coqueto pueblecito de Pontneddfechan es un punto de acceso al "Little Canyon", un tramo secreto del río que atraviesa espesos bosques y en el que la corriente avanza perezosamente creando varias pozas profundas ribeteadas de flores silvestres. El agua es increíblemente cristalina y en ambas orillas hay rocas para zambullirse. ¡Atención!: puede ser peligroso nadar cuando se registran fuertes lluvias en las montañas.

Imprescindible

Admirar las múltiples cascadas en los contornos de Pontneddfechan.

Aperlae, Costa Licia, Turquía

Ruinas antiguas a vista de sirena

♡ Aguas cálidas, lugares históricos, ambiente misterioso

◷ Jun-oct

Desde la Atlántida de Platón al reino submarino de *La Sirenita* de Hans Christian Andersen, la idea de una ciudad sumergida lleva desde antiguo capturando la imaginación colectiva. Y justo enfrente de la costa mediterránea de Turquía, la fantasía se hace realidad. Fundada en los ss. III y IV a.C., Aperlae formó parte de la floreciente civilización costera de Licia, pero al inicio de las conquistas musulmanas en el s. VII, fue abandonada hasta marchitarse. Terremotos posteriores desplazaron la ciudad bajo las olas, cada vez más, donde hoy espera a ser descubierta por aspirantes a Ariel y tal vez tritones.

Exploración submarina
Quienes lleguen en barco fuera de la temporada alta seguramente se toparán con pocos turistas. La primera visión de Aperlae es un destartalado puente de ladrillo que traza un arco sobre una ensenada costera. A continuación, se ve un sarcófago casi intacto, que descansa en aguas poco profundas como un centinela dando la bienvenida. A lo largo del litoral, más ruinas de piedra blanquecina permiten imaginar las dimensiones que tuvo el asentamiento, cuajado de olivos y arbustos de tomillo silvestre de cuyas hojas se alimentan cabras errantes.

Bajo la rutilante superficie se revela aún más, incluida una red de muros y senderos al alcance de la mano. Donde durante 1300 años la gente caminaba y charlaba, dormía y comía, ahora solo merodean

Dcha.: un tramo de la antigua Ruta Licia, entre Kale y la localidad costera de Kas.

Abajo: la bahía bajo cuyas aguas se encuentra la antigua ciudad marítima de Aperlae.

Mi experiencia

Visité Aperlae en mis primeras vacaciones en aguas abiertas: un itinerario por la Ruta Licia ofrecido por la agencia de viajes SwimTrek. Nunca había nadado en grupo, pero resultó de lo más estimulante. Casi primitivo o bestial, fue como formar parte de una bandada de estorninos o un grupo de ballenas. Siempre atentos unos a otros, navegamos como uno solo. La llegada a Aperlae fue algo mágico: estábamos sumamente emocionados cuando al fin oteamos las ruinas y fue maravilloso guiarnos hacia lugares que parecían particularmente interesantes. Tras un rato regresamos a nuestra embarcación (una goleta turca tradicional), nos cambiamos y subimos a una colina. Siempre recordaré aquellas vistas, dominadas por un mar que me resultaba tan familiar como la tierra que pisaba.
Orla Thomas

Izda.: un maltrecho arco de ladrillo descansa sobre una ensenada en Aperlae.

Pág. siguiente: otrora un importante puerto licio, Kas es hoy un destino turístico por derecho propio.

Imprescindible

→ **Descansar los músculos doloridos en un 'hammam' tradicional de la cercana Kas.**

→ **Visitar una playita con espacio para una sola persona.**

→ **Tomar un té de manzana para disipar el sabor salado del mar.**

besugos, bonitos y peces león. Entre pedazos de mampostería se ven claramente los restos de un puerto y los cimientos de grandes edificaciones: un recordatorio de los prósperos orígenes de Aperlae, una ciudad que se enriqueció gracias a la producción de púrpura de Tiro, un tinte que se extrae de los caracoles marinos *Murex*. Los alrededores todavía están abarrotados de conchas vacías.

Perder la noción del tiempo

A esta zona del país también se la conoce como la costa Turquesa. Y aunque suene exagerado, el color del agua del mar es literalmente así. Los nadadores pueden pasar horas explorando sin riesgo a enfriarse, pues las temperaturas son cálidas incluso al final de la temporada estival y su extrema salinidad hace que sea muy fácil mantenerse a flote. Cada tanto se encuentran tramos de costa en los que vierten sus aguas arroyos de montaña, ideales para darse un respiro y refrescarse los labios.

Rodeando la bahía van difuminándose los vestigios de antiguos asentamientos y se pasa junto a zonas de mar presas de la oscuridad, tan profundas que solo los rayos de sol más intensos logran penetrar. Nadando por la costa de Aperlae se recobra la perspectiva del tiempo, adquiriendo verdadera conciencia de que nuestros días en la Tierra son fugaces y frágiles y deberían vivirse plenamente.

Decídete

Cómo llegar

De difícil acceso por tierra, Aperlae queda aproximadamente a 1 h en barco desde Kas; varias embarcaciones cubren la travesía. Kas se encuentra a unas 3½ h en autobús del aeropuerto de Dalaman.

Nivel de dificultad

Con una temperatura del agua de unos 22°C (incluso a finales de octubre), Aperlae ofrece un entorno muy propicio para nadadores primerizos, pues las distancias a recorrer son relativamente cortas. La orilla no es accesible para personas con discapacidades. Hay que llevar calzado adecuado para explorar la zona.

Más información

El recorrido por la Ruta Licia que propone la agencia SwimTrek incluye Aperlae y otros lugares inspiradores repartidos por la costa Turquesa. A cada (pequeño) grupo de nadadores le acompaña un bote de seguridad (www.swimtrek.com). No se cobra por entrar en Aperlae que, por otro lado, es accesible en cualquier época del año. El adyacente Aperlai Restaurant ofrece comidas y habitaciones correctas. Más información sobre la costa mediterránea turca en www.gomediterraneanturkiye.com.

Otras propuestas en Licia

Kas
Las playas de guijarros de Kas, una pequeña y otra grande, conforman un buen recorrido para nadar más o menos 1 km; hay que llevar lo indispensable en una boya de natación impermeable. Se disfrutará de una perspectiva única de las barcas y las buganvillas del pueblo y, presumiblemente, se tendrá la satisfacción de llegar antes que los amigos que vayan a pie (20 min desde Kas).

Imprescindible
Almorzar en el Ada Beach Restaurant.

Kastelórizo
Frente a Kas, a escasos 2 km de la costa turca, se halla la isla griega de Kastelórizo, donde cada junio se disputa una carrera a nado de una orilla a otra: 7,1 km de competición transfronteriza para promover la amistad entre ambos vecinos. También se puede cubrir la ruta al margen de este evento, aunque siempre contando con el apoyo de un bote de seguridad local.

Imprescindible
Brindar con una cerveza en el Asmaltı, en Kas.

Nadar alrededor de la Alcatraz montenegrina

Naturaleza, aventura, ambiente rural

Abr-oct

Circunnavegar una isla produce una emoción infinita, como si se explorara un territorio ignoto o se recorriera una ruta pionera que invita a reparar en el carácter de la tierra desde otra perspectiva. Nadar en el lago Skadar, junto a las ruinas de la isla-cárcel de Grmožur, una circunferencia de apenas 140 m, permite acometer esta empresa en una rápida ruta a nado alrededor de la isla en la que la resistencia queda supeditada al puro placer.

Al sur de Podgorica, la capital de Montenegro, el río Moraca vierte su caudal en el Skadar, junto a medio centenar de arroyos subterráneos, para dar lugar a uno de los mayores lagos de Europa (un tercio del cual se encuentra en Albania). Otomanos, ilirios, griegos y romanos han poblado en algún momento sus serenas orillas, como se constata en las ruinas de fortalezas y monasterios en islotes que salpican sus confines meridionales.

En la compacta localidad de Virpazar, en la orilla occidental, reina un ambiente aletargado: los dueños de los cafés barren las escaleras de sus locales y montan tableros de ajedrez mientras el aroma a *palačinke* (crepes) lo impregna todo. En el puerto, los barqueros cuidan de sus čun, barcas tradicionales de pesca utilizadas para navegar las aguas –repletas de nenúfares– del lago.

Aventuras a la carta

Al poco de zarpar, el barquero surca un prado flotante de nenúfares y la

Dcha.: el río Moraca, que desemboca en el lago Skadar, es uno de los sitios preferidos de los lugareños para bañarse.

Abajo: un pueblo de pescadores a orillas del Skadar; el mújol, similar a la carpa, es uno de los pescados más consumidos en la región.

Mi experiencia

La barca quedó varada junto a Grmožur mientras yo escudriñaba el agua, tratando de descifrar ondas que sugirieran la presencia de una culebra. Pese a todo, salté. Empecé a nadar y enseguida vi una culebra trazando curvas por el agua. Me apresuré en llegar a la isla y trepé entre las rocas viendo pájaros aquí y allá. Pensé en lo que debió de ser estar recluido aquí: en toda su historia, solo un preso logró escapar, usando una puerta de balsa; al vigía responsable se le hizo cumplir su condena como castigo. Armada de valor, volví al agua (tibia) dispuesta a rodear la isla a nado. Minutos después, una culebra capturó un pez produciendo una salpicadura de película. Decidí que no estaba mal dejar algunos retos para otra ocasión, y nadé velozmente hacia el bote.

Jo Tinsley

excepcional biodiversidad del lago se hace patente: inmaculadas garcetas blancas custodian los bajíos, cormoranes se secan el plumaje sobre ramas esqueléticas y somormujos lavancos se precipitan al paso del bote.

Una vez en aguas abiertas toca elegir entre diferentes chapuzones, p. ej., zambullirse desde la barca a las lechosas aguas turquesa y flotar mientras las golondrinas se abaten sobre la superficie, o amarrar el bote en una remota playa como la de Pješačac (solo accesible en barca), donde los niños juegan con hinchables en las abrigadas aguas y escaleras de piedra propias de Escher conducen a merenderos a la sombra de los olivos. Rašo y su familia tardaron 25 años en construir el restaurante, pues al no haber ni electricidad ni carreteras no les quedó otra que traer en barca todos y cada uno de los sillares y baldosas.

La isla de las serpientes

Los más intrépidos no querrán irse sin nadar por Grmožur: un islote fortificado por los otomanos en 1843 que, posteriormente, fue cárcel hasta principios del s. XX. Hoy en ruinas, se la conoce como la "Alcatraz montenegrina". Añaden algo más de emoción las culebras acuáticas (absolutamente inofensivas) que habitan en la caseta del guarda y se solazan al sol sobre las piedras blancas. Basta zambullirse para, quizá, verlas con la cabeza erguida cual periscopio. Manteniendo la distancia (y la calma) se disfrutará de un chapuzón inolvidable.

Dcha.: otrora una cárcel, la fortaleza de Grmožur se encuentra hoy abandonada.

Pág. siguiente: el lago Negro (Crno Jezero), en Durmitor, forma parte de uno de los cinco parques nacionales del país.

Imprescindible

→ **Recargar pilas en Virpazar con 'priganice' (buñuelos de queso y miel).**

→ **Buscar los raros pelícanos ceñudos.**

→ **Flotar en un mar de nenúfares.**

Decídete

Cómo llegar

Pese a haber autobuses a Virpazar desde Podgorica, la capital, alquilar un automóvil ofrece libertad para explorar los rincones más tranquilos del país; en los aeropuertos de Podgorica y Tivat se encontrarán las compañías de rigor.

Nivel de dificultad

El lago Skadar es indicado para todos los niveles. Pero en Montenegro hay tanto serpientes venenosas como inofensivas; lo más sabio es no acercarse demasiado a una.

Más información

El agua del lago, ideal para bañarse en cualquier época, tiene una temperatura de entre 18 y 32°C de abril a octubre, los meses más populares. La entrada al parque cuesta 4 €, y 2 € el uso de un kayak. En el puerto organizan paseos guiados en barca (25 €/h y barca). Más detalles en www.visit-montenegro.com.

Otras propuestas en Montenegro

Durmitor
Se dice que el nombre de esta suerte de acordeón con picos de más de 2000 m deriva de un término celta para referirse a "montañas llenas de agua": léase, sus 18 lagos glaciales en los que se reflejan. Tras sumergirse en el Crno Jezero (lago Negro) es obligado dirigir la mirada a la cima desafilada del Međed ("Oso"; 2287 m) y, después, abrigarse.

Imprescindible
Comprar fresas silvestres en la carretera que conduce al lago.

Plava Špilja
La "gruta Azul", en la agreste península de Lustica, tiene dos entradas: una alta puerta trasera utilizada por las barcas y una baja abertura al mar que permite el paso de las olas. Sus aguas se color azul cobalto, fruto del reflejo de los rayos del sol, son más increíbles si cabe bajo la superficie.

Imprescindible
Desviarse para nadar por unos cercanos túneles submarinos de la II Guerra Mundial.

Descubrir una isla sagrada a nado

Espiritualidad, historia, faros

Jul-sep

Lugar de peregrinaje durante siglos, la isla de Llanddwyn es hoy un hermoso enclave de la costa galesa que aún reclama tiempo, paciencia y algo de fe. Primero se conduce hasta el rincón suroeste de Anglesey, antes de desviarse por una carretera de un solo carril que vira bruscamente para atravesar densos pinares, un singular refugio de ardillas rojas. Después, la carretera toca a su fin, como los árboles, en una larga playa de arena. Casi 1 km al oeste se atisba un islote rocoso que asoma entre las olas.

Al cruzar la arena se verá que Llanddywn es una isla en buena medida porque así se llama, pues las pequeñas olas envuelven el istmo apenas 1-2 h durante la pleamar, aislando temporalmente su superficie de 30 Ha del resto de Anglesey. Pero vista con gafas de natación en los mares galeses, parece un lugar a años luz de la civilización, un pequeño mundo silvestre a la deriva en el mar de Irlanda, donde el tiempo se mide a golpe de olas.

Isla de santos

El primer contacto con el agua se produce en la punta noreste de Llanddwyn, de donde se nada hacia el sur, dejando a la derecha seis calas de arena, en la última de las cuales se verá una cruz celta y, detrás, las ruinas de la iglesia de St Dwynwen. Aunque existen varias versiones de la leyenda de la santa, en todas termina retirándose a Llanddwyn en

Dcha.: se cree que el faro de Twr Mawr, en Llanddwyn, quizá fue un molino de viento en el pasado.

Abajo: Llanddwyn es una isla mareal que, durante la bajamar, permanece unida a Anglesey.

Mi experiencia

Algo que me fascina del norte de Gales es la cercanía entre las montañas y el mar, pudiendo pasar de picos por encima de los 1000 m a playas de arena en menos de lo que se tarda en decir Llanfairpwllgwyngyllgogerychwyrn drobwllllantysiliogogogoch, el nombre de un famoso pueblo galés que no está tan lejos de Llanddwyn. Un caluroso día de verano decidí refrescarme en Llanddwyn para aliviar mis doloridos pies tras una escalada en los picos de Snowdonia. Frente a la costa se extiende una plataforma de arena, con lo cual, si se coincide con la pleamar, las aguas menos profundas se vuelven sorprendentemente cálidas al sol. No hay mayor satisfacción que mecerse en las agradables olas contemplando las montañas que había conquistado poco antes.
Oliver Smith

Izda.: la iglesia de Dwynwen, hoy en ruinas, fue en su día un lugar de peregrinaje.

Pág. siguiente: la ancha playa de Traeth Llydan, en Rhosneigr, atrae a muchos entusiastas de los deportes acuáticos.

Imprescindible

→ **Dar con el pozo de Dwywen.**

→ **Avistar ardillas rojas en los bosques de pinos corsos que abrazan Llanddwyn.**

→ **Tomarse un helado en el aparcamiento antes de volver a casa.**

busca de consuelo divino tras un fracaso amoroso. En la Edad Media se convirtió en la santa patrona de los amantes, y peregrinos con mal de amores acudían en masa hasta aquí para interpretar los mensajes de los peces que chapoteaban en su pozo sagrado. Tras la Reforma del s. XVI, la iglesia quedó a su suerte, los peregrinajes se acabaron y los peces se quedaron sin empleo. Pese a todo, todavía se disfruta del ambiente entre melancólico y místico que hasta la fecha reina en Llanddwyn. Dwynwen es la equivalente galesa de san Valentín.

Rumbo al faro

Actualmente, los únicos residentes permanentes que hay en Llanddwyn son caballos salvajes que erran por los prados; de hecho, al nadar hacia el sur desde la última cala hacia el puerto de Llanddwyn se verán sus crines acariciadas por el viento. Sobre la bahía se elevan dos faros enjalbegados, diseñados al estilo de los molinos de viento de la zona y que funcionaron hasta los años setenta. Los más fornidos tal vez se animen a nadar alrededor de ellos, para lo cual se deberá salvar el espigón y unos cuantos escollos cubiertos de algas, antes de alcanzar la desprotegida costa oeste de la isla. El resto podrá secarse junto a las viejas casitas de pilotos pegadas a la bahía, desde donde se divisan las cumbres de Snowdonia (Eryri) cerniéndose sobre el estrecho de Menai: una estampa de enternecedora belleza.

Decídete

Cómo llegar

La isla de Llanddwyn está a un paseo de 1,6 km del aparcamiento de la playa de Llanddwyn, a su vez a unos 30 min de coche de los puentes para automóviles y ferrocarriles que unen Anglesey con tierra firme. No hay que olvidar que aunque el transporte público escasea por estos lares, Anglesey es ideal para pedalear, gracias a sus infraestructuras y terreno, mayormente llano.

Nivel de dificultad

Al igual que la ruta anterior, en Llanddwyn hay numerosas bahías resguardadas que tal vez seduzcan más a los nadadores menos experimentados, sobre todo las del extremo sur de la isla. Recuérdese que la temperatura del agua en el mar de Irlanda puede ser baja, de ahí que convenga usar neopreno de finales de septiembre a principios de abril. Téngase en cuenta que hay muy pocos lugares donde resguardarse de los elementos, y el aparcamiento queda 1,6 km de la orilla.

Más información

Para más información sobre Llanddwyn y sus leyendas, consúltese la web de Visit Wales (www.visitwales.com).

Otras propuestas en Anglesey

Rhosneigr
La población de Rhosneigr es otro lugar recomendable para nadar en la costa oeste de Anglesey. Hay que seguir las gradas que llevan a la playa de Traeth Crigyll, donde un grupúsculo de escollos salpica las aguas turquesas. Hay que curiosear en su laberinto de pozas naturales antes de rodear el cabo en dirección este, hasta llegar a Traeth Llydan, otra prístina playa respaldada por dunas.

Imprescindible
Entrar en calor tras el baño en el Oyster Catcher, un café con asientos en pequeñas casetas de playa.

Porth Trecastell
Conocida en galés como Porth Trecastell y en inglés como Cable Bay, esta cala a resguardo del mar es donde años ha se tendieron los cables de telégrafo que llegaban a Irlanda. Aunque no queda rastro de ellos, resuenan otros ecos de un distante pasado. Es buena idea nadar a la sombra de Barclodiad y Gawres, la mayor cámara funeraria neolítica de Gales, encaramada en un promontorio con vistas a la bahía.

Imprescindible
Tratar de avistar Irlanda al otro lado del mar (posible en días despejados)

Pont du Gard, Languedoc, Francia

Nadar con los espíritus romanos en el sur de Francia

Historia romana, saltos desde acantilados, salidas en familia

May-sep

Mientras flota boca arriba preguntándose si Julio César se bañó aquí como vino al mundo, en la orilla, a la sombra de los árboles, el ensordecedor canto de las cigarras se detiene un momento para, al cabo de un rato, reanudarse con idéntica intensidad; y en las pedregosas aguas poco profundas, los niños chapotean con un alegre griterío. El ambiente es muy distinto en medio del río: de deliciosa calma. La nadadora, ahora sí, se desliza plácidamente entre las sedosas aguas hacia el imponente Pont du Gard.

Sentirse infinitesimalmente pequeño

Todo cuando se refiere a este icono galo en forma de acueducto, que se eleva casi 50 m sobre el río Gardon (o Gard), en la región de Languedoc, es gigantesco. Un hercúleo batallón romano lo construyó en apenas 5 años para transportar agua potable desde el nacimiento del Eure, a 50 km, cerca de Uzès, hasta la colonia de Nemausus (Nimes).

Tras refrendar su título como "el mayor acueducto del Imperio romano" en el s. I d.C., el Pont du Gard es el único puente de tres niveles erigido en la Antigüedad aún en pie. Cualquiera se siente insignificante al nadar bajo los monumentales arcos de este cuidadísimo tesoro, Patrimonio Mundial.

Paraíso natural

Por más que el Pont du Gard sea uno de los grandes reclamos turísticos del país, nadar junto a él sigue siendo una experiencia tan primitiva como cuando los constructores romanos trajeron en barco hasta aquí 50 000 toneladas de caliza dorada desde una cantera cercana. Los arquitectos

Dcha.: el río Gardon visto desde el romano Pont du Gard, Patrimonio Mundial.

Abajo: el acueducto se construyó con caliza para suministrar agua a la ciudad de Nimes.

© starmaro/Shutterstock; David Ridley/Shutterstock

Mi experiencia

Mis tres hijos y sus primos eran demasiado pequeños como para concentrarse más de 5 min en 40 siglos de historia o en el ingenio de los sistemas hidráulicos romanos. Si a esto le añadimos un abrasador día de verano y un sofocante viaje en automóvil, no hará falta esforzarse mucho para imaginarse el alivio que sentimos cuando al fin llegamos al río. Incluso las zonas menos profundas nos parecieron agradablemente frescas. El agua cristalina gorgoteaba a su paso entre las suaves piedras, pulidas durante siglos. Y mientras los peques miraban con envidia y asombro a los valientes que osaban lanzarse al agua desde los peñascos río arriba, quedé atónita ante la colosal estampa del Pont du Gard. No veía el momento de nadar bajo los 52 arcos de esta célebre construcción.
Nicola Williams

diseñaron la estructura original de 360 m de longitud para que encajara en el entorno: un bucólico meandro del sereno río Gardon, resguardado por fragantes pinos y garriga mediterránea, además de plateados olivos milenarios. Están de enhorabuena quienes busquen un marco natural para nadar en comunión con el sensual sur de Francia.

Dcha.: el museo del puente repasa su historia desde la época romana.

Pág. siguiente: Pamukkale ("castillo de algodón", en turco) es conocido por sus fuentes termales.

Salto de fe

Antes del chapuzón, lo indicado es visitar el museo del Pont du Gard del centro de visitantes, en la margen izquierda del río, para documentarse sobre el paso de los romanos por la región, admirar la destreza de los artífices de esta revolucionaria proeza arquitectónica y aprender el funcionamiento de esta obra de ingeniería que abastecía de agua a las fuentes, baños públicos y 60 000 habitantes de la Nimes romana, 25 km al suroeste.

Luego, toca lanzarse, pero en sentido metafórico, pues está prohibido saltar desde el puente. Se puede acceder por la zona de césped de la *rive droite* (margen derecha), junto a playas de guijarros de aguas poco profundas adecuadas para familias, o hacer como los más atrevidos y saltar desde sus rocosos acantilados. Independientemente de la elección, la exquisita simetría y elegancia del Pont du Gard constituye un majestuoso telón de fondo, un extraordinario recordatorio de que el hombre y la naturaleza pueden vivir, trabajar y jugar en perfecta armonía.

Imprescindible

→ **Nadar al atardecer.**

→ **Obtener una perspectiva distinta paseando por el nivel superior del Pont du Gard.**

→ **Ver nutrias y martines pescadores al recorrer la senda natural Mémoires de Garrigue.**

Decídete

Cómo llegar

El Pont du Gard está a 25 km (30 min en coche) de Aviñón y Nimes. Hay aparcamientos en ambas orillas del río, a 400 m a pie del agua. Tanto el centro de visitantes como el museo están en la *rive* gauche (orilla izquierda).

Nivel de dificultad

Se permite la natación libre desde ambas orillas. El mejor lugar para familias y nadadores menos curtidos es la playa oficial de guijarros *(plage)* situada junto al acueducto, en la *rive droite* (orilla derecha); pese a no haber socorrista, priman las zonas poco profundas y no faltan islotes rocosos a los que poder trepar. ¡Ojo con las piraguas!

Más información

No hay instalaciones junto al río, a excepción de aseos y un café en el centro de visitantes (www.pontdugard.fr) y, al otro lado del cauce, el caro restaurante con terraza Les Terrasses. El puente en sí abre de 8.00 a 24.00 durante todo el año (de mayo a septiembre, el acueducto se ilumina del atardecer a medianoche). Aparcar cuesta 9 €.

Otras propuestas 'ruinosas'

Pamukkale, Turquía
Este enclave Patrimonio Mundial, situado en el suroeste de Turquía, en plena naturaleza, está alimentado por fuentes termales que bajan en cascada por rocas de travertino blanco que conforman una serie de pozas de agua caliente en terraza. De las mismas aguas se abastecía la ciudad balneario grecorromana de Hierápolis. Hoy, quienes acuden a bañarse lo hacen entre columnas dóricas caídas y la resplandeciente vegetación de la antigua piscina de Cleopatra.

Imprescindible
Nadar bajo el firmamento durante las sesiones nocturnas (hasta las 23.00) de julio y agosto.

Playa de Gliati, Grecia
Es tan transparente el mar azul brillante de esta playa de cantos rodados, 1,6 km al sur de Palaia Epidavros (la antigua Epidauro), que no hacen falta gafas y tubo para admirar las ruinas de una villa romana del s. s. II esparcidas por el fondo marino. Los peces acompañarán al viajero en una experiencia entre ánforas, pavimentos y demás ruinas de esta antigua ciudad sumergida de la época romana.

Imprescindible
Almorzar frente al mar a base de alimentos ecológicos de producción propia en la Athina Tavern.

Bañarse con los dublineses en su sitio preferido

Historia, cháchara, jolgorio

Aunque en julio y agosto haga más calor, el ambiente navideño es único

La descripción del mar "verdemoco y tensaescrotos" de James Joyce para referirse a Forty Foot captura con brillantez el atractivo de este sencillo lugar de la bahía de Dublín. El agua está helada, sí, pero no tanto como para no disfrutarla. Y aunque la piel se encoja de frío y cada uno de nuestros músculos se entumezca, nada impedirá que nos sintamos invencibles tras regresar, empapados, al cemento de la orilla. Para algunos, nadar aquí se ha convertido en una especie de ritual. Incluso en pleno invierno, cuando las olas baten violentamente contra las rocas y resulta imposible discernir el agua del cielo plomizo, los más intrépidos desafían heroicamente a los elementos.

Cambio de rumbo

De uso exclusivo de hombres naturistas durante dos siglos, Forty Foot aparece en el capítulo inicial del *Ulises* de Joyce, en el que Buck Mulligan se lanza al agua tras un paseo desde la cercana torre Martello. No obstante, todo cambió en 1974, cuando una invasión de mujeres plantó cara a la tradición sentando las bases para que Forty Foot se convirtiera en el lugar preferido de los dublineses para darse un baño al aire libre. Hoy lo frecuentan familias y amigos que, empapados, pasan el rato entre chapuzones y cháchara hasta el ocaso en verano.

Dcha.: participantes durante el tradicional baño de Navidad en Forty Foot, Dublín.

Abajo: se dice que Forty Foot recibió su nombre por el cuartel del 40º Regimiento de Infantería, que estaba aquí.

© All kind of people/Shutterstock; Aart Jonkers/Shutterstock; Remizov/Shutterstock

Mi experiencia

Quitarme el olor a pavo asado y las telarañas con un chapuzón por Navidad en Forty Foot siempre me había parecido una idea estupenda hasta que me vi allí. Medio Dublín desciende sobre la pequeña cala contribuyendo al ambiente festivo, entre risas y bromas. Menos atractiva resulta la idea de quitarse la ropa ante una brisa que congela las ideas para, luego, lanzarse al agua helada. A estas alturas, nadie puede echarse atrás. Ya sin la ropa, hago fila para sumergirme en un agua tan fría que parece tener puñales. La mandíbula se me comprime en una mueca cómica y emito un alarido como no recordaba. ¡Estoy dentro! Y, enseguida, otra vez fuera, envuelto en una toalla y con un chupito de *whiskey* en mi temblorosa mano, esbozo una enorme sonrisa de oreja a oreja.

Etain O'Carroll

Izda.: el dublinés James Joyce escribió sobre Forty Foot en *Ulises*.

Pág. siguiente: el castillo de Chillon, en un islote del lago Lemán, se remonta al s X.

Imprescindible

→ **Conversar con los lugareños mientras se sorbe una humeante taza de café en la orilla.**

→ **El Bloomsday es un festival que cada 16 de junio honra al protagonista del 'Ulises'.**

→ **Visitar la torre de James Joyce y el cercano museo.**

Un baño vigorizante

El agua está fría todo el año, por eso lo mejor es meterse sin pensarlo. Agarrar la baranda para bajar por la mojada escalinata o hacer como los lugareños y lanzarse desde las rocas. Al entrar en contacto con el agua, la sangre bombea mucho más rápido y parece que las neuronas enloquecen. El ambiente se llena de alaridos de estupor y risotadas, los más temerarios se precipitan desde las alturas y los veteranos disfrutan de su ritual diario, rebasando estoicamente a los aturdidos primerizos. Una vez el organismo se ha adaptado al frío, poco a poco empieza a sentirse una especie de hormigueo en la piel al tiempo que se contemplan las vistas de la extensa bahía de Dublín, del escarpado Howth Head al norte y de los montes Wicklow al sur.

Sentido de comunidad

Al chapuzón le sigue el revuelo: todo el mundo conversa y ríe, tratando de entrar en calor con reconfortantes bebidas traídas en termos. Lo que fuera que le rondara a uno antes de meterse al agua, ahora parece mucho menos apremiante, pues el sentido compartido de aventura y el orgullo de haber salido airoso modifica todas las prioridades, al menos de momento. Más de uno se dirá que jamás volverá a hacerlo, pero poco después se verá de nuevo sobre los escalones de cemento, a merced del viento, dispuesto a plantarle cara a las gélidas aguas del mar de Irlanda.

Decídete

Cómo llegar

El tren ligero Dart conecta varios puntos de la capital con Sandycove y la estación de Glasthule, a 15 min de paseo en dirección este por el frente marítimo.

Nivel de dificultad

El agua en Forty Foot alcanza los 16°C en agosto, de ahí que casi todos los nadadores se limiten a darse un rápido chapuzón. Y aunque se puede nadar tanto con pleamar como con bajamar, las rocas sumergidas hacen que saltar desde ellas entrañe riesgo, a menos que se conozca el terreno. Lo mejor es hacer como los vecinos o usar las escaleras con baranda al final del sendero. El oleaje puede ser bastante impetuoso: ¡cuidado al salir del agua!

Más información

Forty Foot es un lugar muy sencillo: pese a ser gratis y abrir todo el año, no hay ni café ni vestuarios; solo una caseta para resguardarse del viento. Hay que llevar una toalla y un termo con alguna bebida caliente para recomponerse tras la inmersión. Visítese www.visitdublin.com.

Otras propuestas literarias

Lago Lemán, Suiza/Francia
Otrora bohemio punto de encuentro de poetas románticos, este emblema suizo, rodeado de picos nevados y prados alpinos, es donde Mary Shelley ideó su *Frankenstein* y donde está ambientada la galardonada novela *Hotel du Lac*. Con 116 playas y un paisaje majestuoso, nadar aquí es una gozada, tanto si se opta por las arenosas orillas de Excenevex o por las vistas del castillo de Chillon.

Imprescindible
Descubrir las floridas calles y vetustas casas de piedra de la medieval Yvoire, cerca de Excenevex.

Estrecho de los Dardanelos, Turquía
Según un mito griego, una noche Leandro cruzó a nado el Helesponto (antiguo nombre del estrecho) para ver a su amada Hero. Lord Byron hizo lo propio en 1810, lo mismo que Patrick Leigh Fermor, a los 70 años. Pero hoy el estrecho entre Europa y Asia, de menos de 2 km de ancho en su punto más estrecho, es una de las rutas de transporte más transitadas del mundo, aunque cada año cierra durante unas horas para que los nadadores afronten el reto (www.swimtrek.com).

Imprescindible
Brindar en el paseo de Çanakkale tras la hazaña.

Cueva de Odiseo, Mljet, Croacia

Nadar en una gruta mítica

Desafío, leyendas, aislamiento

Jun-sep

Durante sus viajes, Ulises luchó contra gigantes, desafió a sirenas y se batió con monstruos de seis cabezas. Pero su odisea empezó –o al menos eso cuenta el antiguo relato– nadando hacia la ninfa Calipso, quien le retuvo durante 7 años en la isla de Ogigia. La localización exacta de las travesías de Ulises es objeto de debate, pero según los croatas, Ogigia es Mljet, la más meridional de las islas Dálmatas.

Mljet es desde cualquier ángulo un lugar maravilloso para verse recluido. Su extremo oeste alberga el Parque Nacional de Mljet, con lagunas abrazadas por bosques de pinos de Alepo. Y su punta oriental, cuyas anchas playas se abren al Adriático, está asociada a san Pablo, otro marinero que naufragó y que, al parecer, atracó aquí de camino a Roma.

Legendaria cueva

La supuesta guarida de Calipso en Mljet es uno de los lugares más remotos para poderse dar un baño. Primero, hay que conducir hasta el asentamiento principal de Babino Polje, donde las solitarias carreteras asfaltadas de la isla serpentean entre casas de terracota, para después desviarse por un camino entre viñedos y olivares. Tras aparcar, se sigue un pronunciado sendero que desciende por una pendiente cubierta de matorral hasta recalar en la "gruta", más bien una compleja formación geológica en la que el mar penetra por un angosto agujero en el acantilado, creando una laguna elíptica

Dcha.: las resguardadas bahías de Mljet llevan siglos sirviendo de abrigo a los marineros.

Abajo: los acantilados sobre la gruta de Ulises, donde Calipso retuvo al héroe griego.

Mi experiencia

En mi caso, nadé a la gruta de Ulises desde el mar, después de que una embarcación nos llevara a mí y a mi amigo en dirección sur desde las lagunas del Parque Nacional de Mljet, y tras pasar junto al famoso escollo de Ogiran, el cual, según dicen, hizo naufragar a Ulises. Enfilé hacia la estrecha abertura en el acantilado; la laguna sumergida estaba fresca como una iglesia medieval. De vuelta al barco me sentí como un héroe. "¿Me parezco a Ulises?", pregunté. "En absoluto; una foca, más bien", respondió mi amigo.
Oliver Smith

Dcha.: más de dos tercios de Mljet son bosque, concretamente pinos de Alepo.

Pág. siguiente: hay partes de Korcula que datan del s. XIII, incluidas sus murallas.

que luce más bella a mediodía, cuando los rayos del sol esquivan las rocas para danzar en sus profundidades azul eléctrico.

La nostalgia del rey

Una vez en el agua, se nada por el túnel, bajo estratos de roca, escuchando cómo la sacudida y el gorgoteo de las mareas resuenan por doquier. Según Homero, fue por esta abertura por donde Ulises debió de llegar tras naufragar durante una tormenta y caer en brazos de Calipso, quien le prometió la inmortalidad si abandonaba a su mujer, Penélope. Al otro lado del túnel está el "mar color de vino" que evoca la epopeya, desde donde se atisban las colinas Lastovo detrás del oleaje. Delante se ve el Adriático, que se extiende sin interrupciones hasta la italiana costa de Apulia. El marco es de una belleza inconmensurable, pero eso no bastó para animar al héroe griego que, según el relato, "todas las tardes se sentaba en la costa, a mirar el mar, añorando Ítaca".

Tras escuchar a Zeus, Calipso finalmente accedió a liberar a Ulises, que partió en una balsa con comida y vino. Quienes necesiten recargar energías para proseguir el viaje, pueden regresar cruzando el túnel a nado y buscar junto a la cueva el bar Kalypso: un rústico café con hamacas que invitan a contemplar plácidamente el paisaje por el que Ulises navegó de vuelta a Itaca.

Imprescindible

→ Atravesar el túnel a nado y atisbar el Adriático

→ Leer el Canto V de 'La Odisea' en la gruta.

→ Probar los rústicos restaurantes de Babino Polje.

Decídete

Cómo llegar

Los ferris de automóviles hacen, en 45 min, la travesía de Prapratno (Croacia continental) a Sobra (Mljet), mientras que rápidos catamaranes (solo pasajeros sin vehículos) cubren el viaje de Dubrovnik a Pomena (Mljet) en 1½ h. Hay autobuses que conectan ambos puertos con Babino Poje (mín. 30 min).

Nivel de dificultad

A menos que haya tormenta, la gruta de Ulises es un lugar deliciosamente resguardado para nadar. Solo los nadadores expertos más fuertes deberán animarse a cruzar el túnel hacia mar abierto, pues hay riesgo de que las olas les empujen contra las rocas.

Más información

Varias empresas ofrecen excursiones en barco a la gruta de Ulises, entre ellas Pomena, cuyos circuitos en lancha también pueden incluir la cercana isla de Korcula. Téngase en cuenta que no hay aseos ni vestuarios cerca de la cueva. La entidad de turismo de Mljet (www.mljet.hr) es un buena fuente para empezar la odisea.

Otras propuestas dálmatas

Lokrum
Dubrovnik es uno de los destinos europeos más ajetreados: su casco antiguo se abarrota de viajeros y cruceros, y las playas están repletas de sillas y sombrillas. Por suerte, aún pueden encontrarse también remansos de paz, p. ej., la diminuta isla de Lokrum, enfrente del puerto. A 10 min de travesía en ferri, seguida de un paseo por el bosque, aguardan sus serenas playas de guijarros, perfectas para bañarse.

Imprescindible
Ver las murallas de Dubrovnik desde el otro lado del estrecho.

Korcula
Este fue, al parecer, el antiguo hogar de Marco Polo. Y aunque uno no tenga previsto surcar los mares hasta China, siempre cabe subirse al ferri a Korcula (15 min), en la Croacia continental, para luego seguir hasta la cercana playa de Vela Przina, un singular brazo de arena de la pedregosa costa Dálmata donde poder bracear con Mljet a la vista en lontananza.

Imprescindible
Explorar la población de Korcula antes de regresar.

Rambergstranda, islas Lofoten, Noruega

Atreverse con las aguas del círculo polar ártico

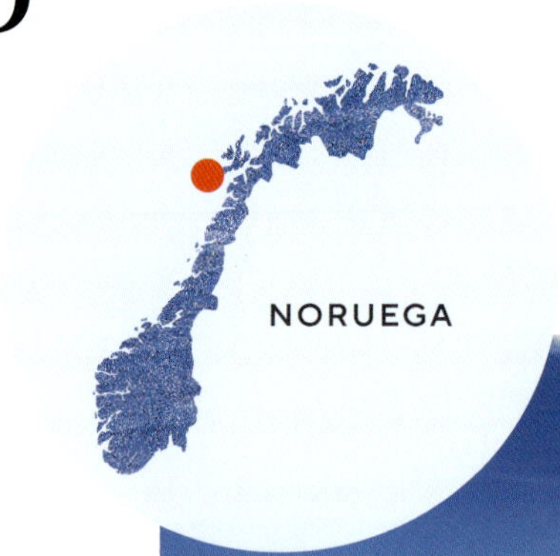

Paisajes espectaculares, mares célebres, pureza

Jul-sep

Las Lofoten poseen una belleza casi irreal. Cada isla depara dentadas montañas de granito que empequeñecen a las cabañas rojas (o *rorbuer*) que salpican su litoral, que pese a su parecido con los hoteles del Monopoly (no en vano, muchas de ellas sirven de pensión), en verdad eran viviendas de pescadores. Otras pistas de su vocación pesquera son los enormes armazones utilizados para secar el pescado o la omnipresencia del bacalao en la carta de los restaurantes.

También ineludible es el océano: la costa se divisa desde cada curva de la carretera que une las islas mediante una serie de puentes y calzadas. Los profundos fiordos permiten que el agua salada se adentre y afloren vastas pozas naturales por el rastro de algas que la pleamar deja a su paso. Y aunque Rambergstranda, en la isla de Flakstadøya, es a todas luces una playa, su blanquísima arena y el calmo mar turquesa recuerdan al Caribe. Del sueño se despierta cuando se comprueba que el agua nada tiene de tropical…

Mejor descalzo

Hay que descalzarse nada más llegar a la playa y recorrer la pasarela que atraviesa la hierba, la pálida arena y las suaves ondulaciones que forman las olas en retirada. Se pasea un rato, subiéndose, quizá, a alguno de los peñascos que salpican el borde de la playa para apreciar mejor su curvo trazado. En

Dcha.: en los meses de invierno suelen avistarse orcas frente a las Lofoten.

Abajo: en Reine hay numerosas *rorbuer*, antiguas cabañas de pescadores ahora hoteles.

© Francesco Vaninetti Photo/Getty Images; IM_photo/Shutterstock; COULANGES/Shutterstock

Mi experiencia

Por todo el archipiélago hay grupos de nadadores que se citan a diario (incluso en Navidad) para darse un chapuzón. Durante una visita a finales de verano me ilusioné con poder unirme ellos. Quedé con la briosa Euri Ingebrigtsen, que aunque eran las 7.00 de la mañana, ya tenía puestos el albornoz y las chanclas. Enseguida aparecieron otras tres mujeres. El agua estaba friísima pese a ser septiembre. "He nadado aquí en pleno invierno, con el mar a 2°C o así", aseguró Euri. "Lo peor es cuando nieva; ahí el frío te penetra la piel". Tras nuestra breve sesión, mis compañeras hicieron hincapié en las beneficiosas propiedades de darse un baño diario. "Te hace sonreír cada mañana", comentó Euri, "algo fundamental en la vida".

Orla Thomas

Izda.: nadadoras locales dispuestas a bañarse los 365 días del año.

Pág. siguiente: arco de huesos de ballena en Utqiaġvik.

días cálidos, el agua parece tentadora....

Al acercarse se sentirá su presencia de los pies a la cabeza. Qué mejor forma de recibir el abrazo del agua helada que desapareciendo brevemente bajo la superficie, como hacen cada tanto los araos aliblancos y cormoranes que sobrevuelan en círculos. He aquí una terapia de frío propia de Wim Hof, el "Iceman" neerlandés. Controlar la respiración es la clave para que el cuerpo se aclimate. Y ahora que uno ya puede presumir de haberse bañado en el Ártico, tal vez se prefiera obviar que este es uno de los chapuzones más factibles a estas latitudes, ya que las aguas de Lofoten reciben la cálida corriente del Golfo.

Imprescindible

→ **Entrar en calor con un vaso de aguardiente.**

→ **Probar el pescado seco en el acogedor Restaurant Gammelbua de Reine.**

→ **Hacer una excursión para ver ballenas y águilas desde Henningsvær.**

Ganar perspectiva

Antes de apresurarse a la orilla, hay que permanecer quieto un momento, tratando de escuchar a los *marmæle* (o tritones), criaturas marinas legendarias con apariencia de pez de cintura para abajo, que, según dicen, son la voz del mar; aunque, quizá, lo que el viajero termine oyendo sea su propia voz sugiriendo retirarse. Se recomienda nadar a braza, con la mirada fija en la imponente sección del montañoso muro de las Lofoten correspondiente a Flakstadøya; y para recobrar el aliento, colocarse a la sombra de este colosal recordatorio de la fuerza de la naturaleza, respirando sin prisas el limpísimo aire ártico con la toalla sobre los hombros.

Decídete

Cómo llegar

Los principales aeropuertos del archipiélago están en Svolvær y Leknes, siendo esta última la localidad más próxima a Rambergstranda. Entre Leknes (a 20 min a pie del aeropuerto) y el pueblo de Å circula un poco frecuente servicio de autobús que tarda 30 min en llegar a la playa. Para más flexibilidad, puede alquilarse un vehículo.

Nivel de dificultad

Las mareas hacen que haya que recorrer un buen trecho de playa hasta el agua, de ahí que esta propuesta no sea indicada para personas con problemas de movilidad. Debe comprobarse *in situ* el estado del mar y pecar por exceso de precavido si no se está acostumbrado al agua fría, evitando permanecer más de 10 min.

Más información

En Rambergstranda hay un aparcamiento y un aseo público accesible con silla de ruedas. No lejos se encuentra el Ramberg Gjestegård, una zona de acampada abierta en temporada, también con restaurante, cabañas y alquiler de kayaks (www.ramberg-gjestegard.no). Más información en la web de la entidad de turismo (www.visitlofoten.com).

Otras propuestas árticas

Stenskär, Suecia
Los territorios árticos en Suecia representan un tercio del país, de ahí la gran oferta para nadar en esta naturaleza. La isla de Stenskär, en el archipiélago Piteå, forma parte de la Reserva Natural de Bondöfjärden, con una superficie de 55 km^2 de la que solo dos no son agua. Póngase la directa al puerto natural de la isla, prácticamente una laguna orlada por una larga playa de arena.

Imprescindible
Descubrir los restos arqueológicos del antiguo laberinto de Stenskär.

Utqiaġvik, EE UU
Alaska es el único estado estadounidense con territorio dentro del círculo polar ártico. Su mayor asentamiento iñupiaq se sitúa en Utqiaġvik (antes Barrow), y para los visitantes darse un chapuzón en su playa es una especie de rito de iniciación. Hay que pasar bajo el arco de huesos de ballena (recordatorio de la tradicional industria local) y, después, bañarse en un santiamén emulando a un oso polar.

Imprescindible
Probar la sopa de reno en el cercano Top of the World Hotel.

Nadar junto a una misteriosa hacienda en ruinas

Historia, arquitectura, intriga

May-sep

Tras serpentear colina abajo entre la fronda, se cruza un puente de piedra tendido a baja altura sobre un borboteante río en su discurrir por la diminuta Old Minster. Lo tiene todo para ser el escenario de una producción de época: casitas con techumbre de paja y rosales trepadores, un *pub* con solera y, en lo alto de una suave colina, un frondoso camino que culmina en el que es seguramente uno de los lugares más encantadores de Gran Bretaña para nadar.

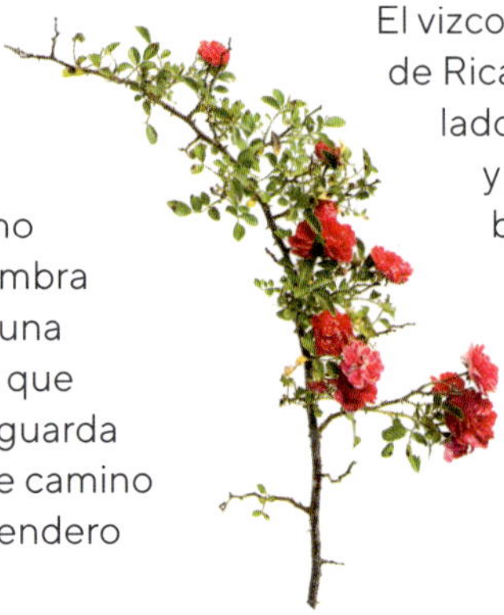

Un marco idílico

Al final del camino se yergue a la sombra de altos árboles una iglesia de piedra que vaticina lo que aguarda más adelante. De camino por un sinuoso sendero que cruza un cementerio y rodea el muro de aguilón aparecen las solemnes ruinas del Minster Lovell Hall, otrora una gran hacienda del s. XV en la que residía una de las personas más adineradas del país: el vizconde Francis Lovell. Pasadas las ruinas, el río Windrush fluye bajo zonas cubiertas de césped, majestuosos árboles que se acercan a la orilla y, en la margen opuesta, un espeso bosque. Es un lugar mágico.

Intriga medieval

El vizconde Lovell, estrecho aliado de Ricardo III, se encontró en el lado equivocado tras la derrota y muerte del monarca en la batalla de Bosworth y, poco después, decidió exiliarse. Su mansión pasó por varias manos antes de ser abandonada y saqueada en el s. XVIII. Hoy, todo cuanto se

Dcha.: ruinas de Minster Lovell, una hacienda del s. XV abandonada en el s. XVIII.

Abajo: el río Windrush a su paso por el pueblo.

© PrairieArtProject/Getty Images; James D. Morgan/Getty Images; PJ photography/Shutterstock

Mi experiencia

Nadar junto a Minster Lovell es una forma de mimarse en un embriagador marco en el que no faltan ni un acogedor *pub* de pueblo ni un ambiente relajado y familiar. Pero ir en solitario estuvo mejor todavía. Llegué pronto, cuando el silencio seguía instalado en casa, los pájaros canturreaban en los árboles y las ruinas permanecían desiertas. Tenía el río todo para mí. Al meterme en el agua, aún fría, acariciada por unos rayos de sol que fluían lentamente entre las hojas, sentí que estaba redescubriendo este lugar, deslizándome de espaldas al tiempo que observaba las nubes, solo con el canto de los pájaros y el roznido del ganado. Después, de regreso a casa, esbocé una sonrisa que me alentó a afrontar mejor el día –y a lidiar con los niños–.
Etain O'Carroll

conserva es su excelso armazón. Y aunque se desconoce qué le pasó a Lovell, se baraja la posibilidad de que el esqueleto hallado aquí en 1708, en una cámara secreta, fuera el suyo y que su plan de permanecer oculto se frustrara tras la captura del criado al que pagaba por cuidarle.

Dcha.: el Windrush cruza los Cotswolds antes de unirse al Támesis.

Pág. siguiente: Enrique VIII mandó clausurar el antiguo monasterio de la abadía de Bolton.

Diversión en familia

Sucediera lo que sucediese, el formidable gran vestíbulo sin techo y la desastrada torre constituyen un sublime marco para disfrutar de un baño en la naturaleza, de un pícnic o de interminables sesiones de juegos, como el escondite. Es muy del gusto de las familias: las aguas poco profundas y el pedregoso lecho del río se prestan a librar batallas acuáticas, a construir presas y a nadar serenamente. Basta encontrar un lugar donde dejar los bártulos, contonearse hacia el agua sorprendentemente fresca y chapotear, vadear o flotar dejando a un lado las ruinas en dirección al restaurado palomar río abajo. Para nadar de veras, hay que seguir el sendero que desciende junto al cauce, cruzar un pequeño puente y una efusiva presa, antesala de exuberantes praderas. En este tramo, más profundo, el griterío se silencia recobrando el protagonismo el bucólico marco salpicado de pájaros cantores y alguna que otra vaca pastando, y el pensamiento se aleja de ruinas fantasmales y finales macabros.

Imprescindible

→ Pasear por el bello casco antiguo del pueblo de Minster Lovell.

→ Aplacar el apetito en la posada del s. XV The Old Swan.

→ Atrapar cangrejos en la orilla.

Decídete

Cómo llegar

La estación de trenes más práctica es la de Oxford, de donde sale el autobús S1 de Stagecoach hacia el sur de Minster Lovell, a 23 km de distancia por la A40. El famoso vestíbulo se halla en Old Minster, al final de un estrecho camino. Hay un pequeño aparcamiento junto a la iglesia.

Nivel de dificultad

Pese a su cartel como destino apto para familias, para meterse en el agua hay que gatear por la orilla; conviene llevar escarpines. Se puede vadear la suave corriente o dejarse llevar sin más.

Más información

El lugar es accesible todo el año, y gratis, pero no cuenta con servicios de ningún tipo. El *pub* más cercano (con aparcamiento) está en el pueblo, a 10 min de paseo. En julio y agosto interesa llegar temprano para evitar el alboroto de mediodía. Más detalles en www.cotswolds.com.

Otras propuestas históricas inglesas

Abadía de Bolton
Junto a un suave meandro del río Wharfe descansan las imponentes ruinas de la abadía de Bolton, un priorato del s. XII a pocos pasos de un camino de piedras que cruza el río. A los peques les encanta caminar sobre el agua y chapotear en sus playas de arena, pero si se va río arriba se encontrará una profunda y ancha poza.

Imprescindible
Hacer un pícnic al atardecer, cuando el ambiente alcanza su culmen.

Playa de Marazion
Encarada al monte St Michael, un afloramiento rocoso coronado por una iglesia peregrina accesible solo durante la bajamar, Marazion disfruta de una de las mejores vistas de Francia. Mientras los más avezados nadan alrededor del monte en compañía de un guía, esta ancha franja de arena dorada constituye un lugar muy propicio para ir en familia, con dunas y pozas naturales, además de deportes acuáticos.

Imprescindible
Cruzar a pie la calzada de peregrinos hasta el gallardo monasterio y sus jardines.

Nadar bajo un prado del norte de España

Sorpresa, recogimiento, aguas poco profundas

May-sep

A quienes hablen bable seguramente no les causará excesiva sorpresa ver la playa de Gulpiyuri por vez primera. Ahora bien, aquellos que desconozcan que *gulpiyuri* significa "círculo de agua" en el dialecto de Asturias, se quedarán atónitos al observar este insólito enclave en medio de una verde pradera.

Este diminuto semicírculo de trazado perfecto es una playa entre acantilados, lamida por las mansas olas generadas por el Cantábrico, a 100 m, cuyas aguas penetran por túneles formados en la roca. En definitiva, un lugar impresionante, particularmente indicado para quienes deseen nadar sin mayores exigencias.

Más agua fría

El mar aquí no entraña peligro, ni siquiera durante la pleamar, lo que hace que nadar en Gulpiyuri resulte perfecto para quienes teman el mar abierto que se despliega a pocos metros. Que sea poco profunda no significa que el agua esté cálida, por más que se empeñe en lograrlo el verano en España. El Cantábrico, el mar que recorre la España septentrional, es parte del Atlántico, de ahí que el agua no resulte especialmente templada, y como esta se filtra bajo tierra hasta la playa, nunca termina de atenuarse. No obstante, una vez superado ese pequeño detalle, el viajero creerá

Dcha.: Gulpiyuri es lo más parecido a un "mar interior de Asturias", con sus mareas y su arenosa playa.

Abajo: la erosión de las rocas originó una hondonada situada a 100 m del océano.

Mi experiencia

Mis amigos asturianos me dijeron que, aunque íbamos a dar un paseo por el campo, no me olvidara el bañador. "Qué curioso", pensé, "quizá haya un río a mitad de camino..."; y después no le di mayor importancia hasta que, tras un buen trecho por un verde prado, de esos por los que es famosa esta lluviosa región española, nos detuvimos y me señalaron la playa de Gulpiyuri. Recuerdo que me eché a reír y miré, incrédulo, una y otra vez entre mis risueños amigos y el asombroso y diminuto edén que se desplegaba ante nosotros. Corrí hacia la playa, quitándome la ropa por el camino, y me lancé al agua sin contemplaciones. Me pareció que estaba fría, sí, pero por encima de todo era un lugar irresistible: el mejor y más sorprendente chapuzón que recuerdo.
Clifton Wilkinson

Izda.: cabrales, el famoso queso azul asturiano de sabor intenso y penetrante.

Pág. siguiente: la Olla de San Vicente es una poza natural a la que se llega tras una bonita ruta forestal.

Imprescindible

→ **Conseguir sitio en la que probablemente sea la playa más pequeña del mundo, con menos de 50 m de largo.**

→ **Pasear hasta el Cantábrico, origen de las mareas de Gulpiyuri.**

→ **Dar buena cuenta de la sidra y el marisco asturianos en la encantadora Llanes.**

estar en una piscina privada en plena naturaleza, flotando bocarriba, hipnotizado ante la curiosa imagen de los acantilados tapizados de florecillas y hierba, con la presencia de gaviotas planeando en las alturas. Se pueden buscar minuciosamente los huecos en la roca por los que el océano penetra durante la pleamar para, al cabo de unas horas, escabullirse, observando al mismo tiempo cómo bate el oleaje los costados de la formación circular. Luego, posado sobre la arena entre blanca y dorada mientras se disfruta del color turquesa del agua, será momento de secarse bajo el agradable sol asturiano.

Fantasía y realidad

El encanto de Gulpiyuri dicen que no tiene parangón. Su legendario atractivo gira en torno a ninfas de mar jugueteando en las olas bajo la luna llena, y a bellas hadas acuáticas lavándose sus cabellos dorados al alba. Menos ficticio es el hecho de que Gulpiyuri sea el único ejemplo de playa con mareas del planeta a semejante distancia de la costa: un fenómeno fruto de la presión que ejerce el océano sobre los acantilados hasta dar con una vía de escape, unida al colapso de las debilitadas rocas superiores, produciendo la cavidad donde la playa hoy se asienta. Criaturas míticas, singulares entusiastas de las playas y aficionados a nadar en plena naturaleza se dan cita aquí, jubilosos, para disfrutar de este espectáculo sin igual.

Decídete

Cómo llegar
El playa está en el tramo de costa asturiana entre Llanes y Ribadesella. Se necesitará un vehículo para llegar: tras aparcar en la localidad más cercana, Naves, o justo al norte de la carretera costera A8, hay que seguir un sendero de 800 m entre campo y bosque hasta la playa.

Nivel de dificultad
El sendero que lleva a la playa es, en general, bastante llano, y se recorre en unos 15 min. Más allá de la temperatura fresca del agua durante todo el año y la posibilidad de encallar cuando baja la marea, nadar aquí no entraña riesgo alguno, ni para los adultos ni para los niños.

Más información
La playa es accesible todo el año y no hay que pagar nada, pero al no haber instalaciones de ningún tipo, habrá que llevarse todo lo que se necesite para pasar el día. Más información sobre Gulpiyuri y Asturias en general en www.turismoasturias.es.

Otras propuestas asturianas

Playa de Cuevas del Mar
Con unas 220 playas a escoger, los aficionados a nadar en el mar disfrutarán en Asturias. Inmediatamente al oeste de Gulpiyuri se encuentra la playa de Cuevas del Mar: otra maravilla de la naturaleza. Las grutas a las que hace referencia su nombre son formaciones de caliza excavadas en los acantilados por el Cantábrico, de aguas muy limpias y no especialmente agitadas por estos lares, lo que hace que nadar sea seguro, atractivo y paisajístico.

Imprescindible
Inmortalizar los arcos y cuevas a los que la playa debe su nombre.

Olla de San Vicente
Además de un bello litoral, Asturias presume de un fabuloso y montañoso interior cubierto de bosque. El lugar preferido de la región para nadar lejos de la costa es esta poza formada por el río Dobra, accesible por una senda que discurre entre bosques al abrigo de altos picos. Es posible saltar desde las rocas, ducharse bajo cascadas o simplemente flotar plácidamente en las prístinas aguas poco profundas del río.

Imprescindible
Probar el cabrales en los pueblos de la zona.

Poner rumbo a una isla lacustre sagrada

Peregrinaje, arquitectura, reto

Jul-sep

Al nadar en el lago Bled se es parte de una composición tan perfecta que bien podría atribuirse a la imaginación de un artista. Enorme y azul, en sus aguas se reflejan los Alpes Julianos, coronados por un manto de nieve. De custodiarlo se encarga un castillo encaramado a un acantilado; sin embargo, el principal reclamo de este paisaje es la frondosa isla dominada por una iglesia barroca. Los lagos eslovenos reciben miles de visitantes al año, cuya mirada se dirige instintivamente a la isla de Bled. Las terrazas de los hoteles están orientadas estratégicamente para ver el sol ponerse detrás del lago. La isla, objeto de postales y folletos, se ha convertido en un verdadero símbolo del país. El grueso de los viajeros hace excursiones de un día en góndolas de madera para ver de cerca esta bella masa de tierra. Pero son pocos, muy pocos, quienes se atreven a cruzar a nado las aguas alpinas del lago hasta el pequeño santuario de en medio. Y aunque es una aventura extenuante, los más decididos hallarán armonía en el magnífico paisaje.

Punto de salida

Salir de un lugar u otro dependerá del nivel de confianza y entrenamiento de cada cual: desde el punto más alejado, la población de Bled, la isla dista 1,6 km del litoral. Aunque haya que esquivar varios botes, es mucho más fácil emprender

Dcha.: la iglesia de la isla de Bled, en su versión actual, data del s. XVII.

Abajo: se dice que a cualquiera que repique la campana de la iglesia se le concederá un deseo.

Mi experiencia

Mi primer viaje sin mis padres lo hice por el este de Europa. Mis amigos y yo llegamos al *camping* en el lago Bled tras habernos gastado el presupuesto en cerveza checa, sin blanca para pagar la excursión a la isla, pero hechizados por su presencia y las vistas desde la tienda de campaña. Le echamos valor y decidimos ir nadando. No sin esfuerzo, llegamos a la isla cuando un grupo de pasajeros estaba desembarcando. Estábamos más mojados, sí, pero también más plenos tras la hazaña.

Oliver Smith

la travesía de 350 m desde el boscoso flanco occidental del lago. Es ideal para zambullirse en el agua desde un pequeño muelle junto al Camping Bled.

El marcador de la ruta será el campanario de la isla; atentos a los barcos. Nadar en estas aguas es una larga tradición: a mediados del s. XIX había en la orilla un balneario de estilo suizo cuyos clientes se regían por estrictos horarios que alternaban el gélido lago y agradables baños de vapor. Luego tuvo visitantes ilustres como familia real yugoslava y el mariscal Tito, el líder comunista, cuyo palacio presidencial, visible a mitad de travesía, es hoy un hotel.

Una isla sagrada

A medida que uno se acerca a la isla de Bled puede verse cómo asoma, majestuosa, una escalera barroca. Según la tradición local, cualquier hombre que se case aquí debe cargar con la novia los 99 escalones y tocar la campana para garantizar la dicha conyugal. Aun desfondado, hay pocos lugares más idílicos para contraer matrimonio que la iglesia de la Asunción de María, una capilla con un altar dorado engalanado con vistosos frescos. Se dice que antes de la llegada del cristianismo a Eslovenia la isla ya era un lugar sagrado; hoy sigue siendo objeto de peregrinación para los católicos. Más allá de la fe, cualquiera que acometa esta ruta a nado, bajo la benévola presencia de los Alpes Julianos, puede considerarse bendecido.

Dcha.: desde el lago Bled se observan los Alpes Julianos, que se extienden de Eslovenia a Italia.

Pág. siguiente: el río Soča adquiere su color azul de las microscópicas partículas minerales que reflejan la luz.

Imprescindible

→ **Pasear junto al lago para elegir el punto de partida.**

→ **Deleitarse con las vistas del castillo de Bled desde la orilla norte.**

→ **Tañer la "campana de los deseos" de la iglesia de Bled.**

Decídete

Cómo llegar
Cada 10 min circulan autobuses entre el centro de Bled y la cercana estación de Lesce-Bled, a la que llegan trenes de Liubliana y Austria. Rodear el lago a pie lleva poco más de 1 h.

Nivel de dificultad
La distancia entre la orilla y la isla de Bled hace que sea mejor dejar que acometan esta empresa los nadadores más en forma y confiados. Recuérdese llevar una muda seca para cambiarse si se pretende visitar la iglesia y otros edificios de la isla; ir provisto de una bolsa de natación impermeable servirá tanto para llevar el móvil y la cámara como de boya (a modo de aviso para las embarcaciones de paso).

Más información
Varias empresas ofrecen la posibilidad de nadar a la isla de Bled junto a un bote de acompañamiento, a menudo como parte de un itinerario de mayor duración que incluye varias rutas a nado. Más detalles en slovenia.info.

Otras propuestas eslovenas

Lago Bohinj
El vecino de Bled es el lago Bohinj, sin islas pero con un telón de fondo más impresionante todavía, con escarpados acantilados que se elevan desde la orilla y, señoreándolo todo en la distancia, el Triglav, el pico más alto de Eslovenia. Enclavado en el punto más oriental del lago, Restavracija Kramar es un buen lugar para darse un chapuzón antes de almorzar, con un pequeño embarcadero que se adentra en el agua.

Imprescindible
Visitar la cercana cascada Savica que nutre el lago.

Playa de Modrej
Más caudaloso a su paso bajo el Triglav, el río Soča atraviesa Eslovenia en el raudo e intrépido discurrir de sus distintivas aguas azul cian. En los tramos superiores se ven kayaks y piraguas que bajan por sus tempestuosas aguas bravas; sus serenos tramos inferiores, en cambio, son ideales para nadar, en especial la playa de Modrej, donde arboladas pendientes asoman sobre los suaves meandros.

Imprescindible
Descubrir el atractivo pueblo de Most na Soči.

Sumergirse en una remota y encantadora playa

Aventura, aislamiento, dunas de arena

Abr-sep

La impresión de estar en el fin del mundo, la ausencia de coches a lo largo de los 6,5 km de caminata por el páramo que la precede, las gaviotas sobrevolando en círculos, las pequeñas granjas abandonadas que acrecientan la sensación de aislamiento... Esta ancha franja de arena en el extremo noroeste de Gran Bretaña es la antesala a algo muy especial. Y aunque Sandwood Bay haya dejado de ser un secreto, la caminata hasta aquí logra que solo se acerque un goteo de visitantes. Es más, como se aprecia nada más ver los 1,5 km de esta medialuna parapetada por las mayores dunas de arena de Escocia, el paisaje tiene unas dimensiones más que suficientes para absorber ese goteo.

Dunas espectaculares, temperaturas rigurosas

A la bahía le preceden unas dunas formidables: voluminosas elevaciones cubiertas de carrizos que serpentean alejándose de la playa. Están tachonadas de arenosos recovecos perfectos para cambiarse, hacer un pícnir o, por qué no, acampar una noche.

Una vez con el bañador puesto se apreciará que la temperatura es bastante más fresca que en Inglaterra y, aún en pleno verano, el agua de Sandwood nunca supera los 10-12°C. Esto se debe a los vientos que azotan la desprotegida costa y a las encrespadas y gélidas aguas que entran del Minch, el estrecho entre este punto

Dcha.: la bahía de Sandwood está precedida por un *loch* (lago) homónimo por el que pasa el Cape Wrath Trail.

Abajo: Esta medialuna es uno de los enclaves más remotos de la Gran Bretaña continental.

Mi experiencia

Pernoctar en las dunas de Sandwood es un rito de iniciación para cualquiera que acometa el Cape Wrath Trail, una ruta senderista que atraviesa las Highlands del norte desde Fort William, a 320 km de distancia. El entusiasmo se adueñó de mí al avistar el cabo Wrath (mi destino final) al otro lado de la bahía. Un entusiasmo que no podía disociarse del cansancio. Alcancé el éxtasis al descargar la mochila, descalzarme y dejar que el agua fría me aliviara las heridas del camino, feliz de saber que tenía todo lo necesario para pasar uno o dos días en este solitario lugar tan especial. Todo salvo una toalla, al parecer... Sin nada con que secarme, hice una fogata y di unos tragos al *whisky* que llevaba en la cantimplora hasta que la circulación se reactivó, escuchando el canto de las ballenas y sintiéndome más vivo que nunca.
Luke Waterson

Izda.: en Escocia, al ser legal la acampada libre, se puede hacer noche en la playa.

Pág. siguiente: las islas de Erraid y Mull quedan unidas durante la bajamar.

Imprescindible

→ Contemplar el imponente farallón de Am Buachaille.

→ Maravillarse ante las floridas dunas del 'machair' local, uno de los hábitats más raros del planeta.

→ Explorar el singular Sandwood Loch.

y las Hébridas Exteriores: una de las masas de agua más traicioneras de Europa. Estos datos no contribuirán a que los nadadores más nerviosos sientan mayor apego por esta playa de aguas profundas, ni tampoco la larga caminata hasta la orilla, pues sobrará tiempo para albergar dudas.

Ante todo, hay que serenarse: nadie puede pensar que iba a ser sencillo nadar en un recóndito enclave como este. Pero a estas alturas uno ya debería haberse adaptado al clima de Sutherland, y este gigante tiene un lado amable: largas zonas poco profundas, casi imperceptibles, con lo cual ante las enormes olas es preferible mantenerse a flote en vez de bucear por debajo de ellas, ya que puede haber corrientes. Lo mejor es ceñirse a la orilla durante este estreno nadando por el tramo de costa más remoto de la Escocia continental.

En tu elemento

Si hay un lugar magnífico para reconciliarse con los elementos, sin duda es este. Es un privilegio ser la única persona que probablemente deje sus huellas en la arena o que nuestros jadeos por el frío sean el único sonido perceptible, más allá del batir de las olas y del graznido de fulmares y araos aliblancos.

La bahía de Sandwood da una lección de humildad en todos los sentidos. Y tras experimentarlo, lo indicado es mostrar a esta temperamental criatura el respeto que merece, retirándose y disfrutando del espectáculo en tierra firme.

Decídete

Cómo llegar
De Inverness salen autobuses (1 diario o 3-4 semanales, según la temporada) a Kinlochbervie, 5,5 km al sureste de Blairmore, punto de inicio de la caminata a la bahía de Sandwood. Lo más práctico es ir a Blairmore en un vehículo propio y luego cruzar el páramo a pie (6,5 km).

Nivel de dificultad
Los novatos deberían abstenerse: se trata de un lugar sumamente agreste en el que las fuertes corrientes y las grandes olas son lo habitual. Por el sendero a la bahía de Sandwood (en buen estado) pueden circular sillas de ruedas/carricoches todoterreno, aun cuando las cambiantes dunas dificultan el acceso a la playa a las personas con dificultades de movilidad.

Más información
Aunque no hay instalaciones en la misma playa, Strathchailleach, 2,5 km al este, cuenta con un refugio en caso de tormenta. El acceso es libre y gratis todo el año. Más información en www.johnmuirtrust.org.

Otras propuestas en playas escocesas

Knockvologan
Vista desde las alturas, la isla de Mull parece una versión apretujada de Gran Bretaña, con Knockvologan en su extremo occidental. Desde Fionnphort queda a 5,25 km al volante por el páramo de Ross of Mull. Una vez en la aldea de Knockvologan hay un corto paseo hasta la playa, compuesta por varias calas poco profundas de tentadoras aguas turquesa.

Imprescindible
Caminar con la bajamar hasta la isla de Erraid, donde transcurre la acción de la novela *Secuestrado,* de Robert Louis Stevenson.

Arenas cantarinas
Las agrestes arenas de Camas an Lighe destacan incluso entre la belleza de la península de Ardnamurchan. A poco menos de 5 km de paseo desde Arivegaig se halla una playa que canta de veras: la forma redonda de los granos de arena, sumada a su alto contenido en sílice y humedad, produce una especie de chirrido al caminar por ella descalzo. Flotar supinamente, observando las coníferas junto a la orilla, es sublime.

Imprescindible
Caminar por la orilla al noreste hasta dar con playas de arena aún más secretas.

Baño termal en el salvaje oeste de Islandia

Lejanía, serenidad, experimentar los elementos

Todo el año

Conectada con el resto de Islandia por un estrecho istmo, esta región es una de las más remotas y fascinantes de Europa. Solo el 2 % de los islandeses vive en esta aislada península del noroeste donde abruptas montañas de cima plana se precipitan hacia profundos y angostos fiordos mientras las ballenas baten el agua y los zorros árticos buscan alimento junto al mar.

Un viaje por carretera por esta recóndita región, cuya tradición bañista se remonta a los vikingos, brinda incontables oportunidades de sumergirse. Aquí, uno puede descender hacia vaporosas pozas naturales recortadas en la roca de los acantilados o nadar al final de recoletos fiordos con el gélido Atlántico de fondo.

Furtivo chapuzón

Los 232 km desde la capital, Reikiavik, hasta Hólmavík, punto de acceso a los Fiordos Occidentales, son llanos e increíblemente paisajísticos. Pero la auténtica aventura comienza tras ceder el asfalto a bacheadas pistas de grava que cuando no zigzaguean por puertos de montaña, pasan tan cerca del mar que casi puede tocarse.

Cada poza termal tiene su encanto. Bañarse en el Hellulaug (en las entrañas de la Reserva Natural de Vatnsfjörður), donde el agua alcanza los 38 °C, es como una experiencia furtiva. Bajo el sol, el agua adquiere un tono verdigrís frente a las pulidas rocas. Descansando sobre las cálidas piedras, los sentidos parecen rendirse al alegre bullicio de las aves, liderado por eideres comunes y elegantes charranes árticos que picotean las algas.

Dcha.: la piscina termal de Hellulaug regala vistas a la Reserva Natural de Vatnsfjörður.

Abajo: en los Fiordos Occidentales abundan maravillas naturales como las cascadas Dynjandi.

Mi experiencia

Rodeando el Norðurfjörður, una ancha cala en la costa este de los Fiordos Occidentales, la poza termal del Krossneslaug se revela como una sacudida de agua turquesa sobre una playa de guijarros volcánicos. Flotar en estas aguas a 37 °C fue un momento de serenidad tras una semana recorriendo esta región. Recalar en este aislado enclave, al final de una carretera de 90 km, no hizo más que reafirmar mi arraigada creencia en viajar sin prisas, abierta a desviarme cuando la ocasión lo requiera. Luego, mientras nadaba junto al borde de la poza, observé algo que nunca olvidaré: un iceberg a la deriva desprendido de la costa de Groenlandia. Impresionante.
Jo Tinsley

Dcha.: en Islandia habita más del 60% de la población mundial de frailecillos.

Pág. siguiente: el Reykjadalur es un río termal cuyo nombre significa "valle de vapor".'

Al sumergirse en el Reykjafjarðarlaug, un arroyo a 45 °C (113 °F) represado para crear una serie de fuentes termales naturales asentadas sobre una piscina de hormigón, uno se siente increíblemente expuesto a la intemperie mientras observa las curiosas sombras de las nubes amenazantes a su paso por el Arnarfjörður. Por otro lado, bañarse en el Galtahryggjarlaug, una poza natural entre piedras en medio de un prado, es de lo más natural: se mire adonde se mire, todo es verde.

El atractivo infinito de las carreteras sin salida

Una vez finalizada, en Hólmavík, la ruta circular de los Fiordos Occidentales (conocida como la circunvalación 2), hay que tomar una decisión: regresar a Reikiavik o torcer a la izquierda por la carretera 643 y continuar 90 km hasta llegar al final. Esto último implica mal firme pero grandes paisajes hasta Krossneslaug, una memorable poza infinita que se asoma al Atlántico.

Mejor no juzgarla por el hecho de que sea artificial, pues nadar aquí tiene un componente agreste innegable. Es maravilloso contemplar el océano sabiendo que entre uno y el archipiélago de Svalbard (Noruega) hay 1600 km de desgreñado mar gris pizarra. Tras el palpitante itinerario, lo suyo es saborear la recompensa que supone llegar a una poza en el fin del mundo. El efecto del vapor en la piel y los músculos hará sentirse a cualquiera completamente renovado.

Imprescindible

→ **Bañarse bajo el sol de medianoche en junio.**

→ **No resistirse a los letreros que indican "pozas termales".**

→ **Entablar conversación con los del lugar y otros viajeros.**

Decídete

Cómo llegar

Ir en autobús o en coche de Reikiavik a Hólmavík (3-4 h); dos autobuses semanales unen Hólmavík e Ísafjörður, en el noroeste. Un automóvil de alquiler es lo mejor para acceder a las pozas. En invierno es fundamental viajar en todoterreno o con neumáticos de nieve.

Nivel de dificultad

Es seguro nadar en las pozas geotérmicas de Islandia, siempre y cuando el estado de salud lo permita. Las temperaturas de estas son de 27-30 °C; las fuentes termales alcanzan los 45 °C. Solo se debe nadar en fuentes designadas; las pozas naturales llegan a 100 °C.

Más información

Las pozas abren todo el año y el acceso suele ser gratis (se aceptan donativos). El Krossneslaug cuenta con duchas calientes y vestuarios; el Reykjafjarðarlaug, sencillos vestuarios pero no duchas; y el Hellulaug carece de instalaciones. El Galtahryggjarlaug está a 10 min de paseo del Hotel Heydalur, donde hay que pedir permiso para bañarse. El protocolo exige ducharse desnudo antes de entrar en las piscinas. Más información en www.westfjords.is.

Otras propuestas islandesas

Reykjadalur

Este río termal (a 45 min al volante de Reikiavik) promete un insólito paisaje de fumarolas y pozas de lodo burbujeante a lo largo de un sendero de 3,5 km. Enseguida aparece un serpenteante río de aguas azul pálido entre suculentas. Bañarse junto a la zona habilitada ofrece una relajante experiencia (aguas arriba la temperatura aumenta).

Imprescindible

Caminar sobre una fisura, cubierta por un bloque de vidrio, que se produjo en el cercano centro comercial Hveragerði Sunnumörk durante un seísmo en el 2003.

Laugarvalladalur

En el remoto valle de Laugarvalladalur, en las montañas de Islandia, discurre un arroyo de agua geotérmica que surca verdes praderas antes de crear una cascada que cae por rocas cubiertas de musgo para, luego, formar una poza donde poder bañarse a 40 °C. Cuidado: el agua puede resultar mucho más caliente de entrada. Es un lugar remoto incluso para Islandia, accesible solo en todoterreno o a pie (15 km).

Imprescindible

Visitar el cercano y espectacular cañón de Hafrahvammagljúfur.

Bañarse como una reina napolitana

Aguas turquesa, recogimiento, historia

May/sep

Este lugar salvaje y natural para nadar en el sur de Italia es, desde hace más de dos milenios, un secreto sorprendentemente bien guardado. A pesar de ser tan pintoresco y estar a la vuelta del promontorio de la popular localidad de Sorrento y la costa Amalfitana, el empinado camino para encontrarlo significa que los Bagni Regina Giovanna sigan siendo un sitio casi ignoto. Excepto en el mes de agosto, cuando se llena de veraneantes, el lugar es un remanso de paz lejos de las playas más comerciales, con las hileras de tumbonas y sombrillas de rigor.

Paraíso oculto

Al descender entre las empinadas rocas que conducen hasta esta apartada piscina, con el golfo de Nápoles enfrente, se respira la brisa y el aroma de las aromáticas hierbas mediterráneas. Y una vez se perfila la laguna de color turquesa, enmarcada por un arco de piedra que precede al mar, uno creerá haber descubierto su propio santuario. Hay una pequeña playa pedregosa resguardada del viento y las olas, y aguas calmas y cristalinas. En medio de la laguna, una roca plana permite a los nadadores recobrar el aliento, además de broncearse. Es un lugar hermoso para bañarse en cualquier época del año, pero muy especialmente en el mes de septiembre, cuando el agua sigue cálida tras el largo verano europeo meridional. Una forma genial de llegar es en kayak

Dcha.: la piscina lleva el nombre de la reina Juana I de Nápoles, asidua bañista en el s. XIV.

Abajo: este enclave se formó tras abrirse los acantilados a raíz de la erosión del mar.

Mi experiencia

Aún estaba en la universidad cuando visité por primera vez esta piscina natural durante unas vacaciones en Nápoles con unas amigas. Era uno de esos raros días maravillosos de verano en que todo iba sobre ruedas, lo mejor de una peculiar semana de lluvias en septiembre. Gracias a mis dotes de persuasión, tomamos un tren a Sorrento y, luego, un autobús a Caposorrento, donde dimos con una tiendecita que vendía lo necesario para hacernos unos *panini* de *burrata*, tomate y albahaca. Tras una sofocante caminata, la paradisíaca laguna turquesa apareció de pronto ante nosotras. Una amiga confesó entonces no haberse bañado nunca antes en otro sitio que no fuera una piscina. No le dimos más vueltas: poco después ahí estábamos, nadando y tumbadas al sol como sirenas.
Phoebe Hunt

Izda.: la Villa di Pollio Felice era la residencia de un acaudalado aristócrata romano.

Pág. siguiente: arco de la playa de Arcomagno, en la costa calabresa.

Imprescindible

→ **Flotar en este estanque de aguas esmeralda.**

→ **Nadar por debajo de un arco hacia el mar.**

→ **Darse un garbeo por la villa romana de Pollio Felice.**

desde Marina Grande, en Sorrento, penetrando por un resquicio del acantilado tras remar junto al florido litoral de la Reserva Marina de Punta Campanella.

Antigua evasión

Se elija un modo u otro de llegar, es fácil dejar de lado las preocupaciones sumergiéndose en estos baños, tal como hacía en el s. XIV Juana I de Nápoles, la reina a la que deben su nombre y que, según dicen, se escapaba hasta aquí para citarse con sus amantes. Se sabe muy poco de ella, más allá de que reinó de 1343 a 1382, tuvo cuatro maridos y la asesinaron en Aviñón. Mucho antes que ella, en el s. I a.C., el aristócrata romano Pollio Felice mandó construir su villa sobre el acantilado, cuyas ruinas aún se aprecian desde el agua.

Mar adentro

La morada de Felice se extendía entre la piscina y el mar. Los más osados pueden cruzar el arco a nado y seguir un estrecho pasadizo hasta el mar para, luego, trepar por las rocas y lanzarse de nuevo al agua.

Tras un memorable chapuzón en este pequeño edén, solo queda subir la colina a tiempo de ver la impresionante puesta de sol y tomarse un aperitivo en Sorrento.

Decídete

Cómo llegar

Desde Sorrento se puede o bien tomar el autobús nº 5070 a Caposorrento (10 min) o caminar (30 min). Desde Caposorrento, se siguen los letreros a “Ruderi della Villa Romana” (ruinas romanas); está a 10 min de paseo por un empinado y pedregoso sendero que baja hasta la playa.

Nivel de dificultad

El descenso no es adecuado para personas con problemas de movilidad. La piscina, en cambio, es perfecta para iniciarse a nadar en plena naturaleza, pues está protegida del viento, las olas y las corrientes del mar abierto. Conviene llevar escarpines.

Más información

Es gratis acceder tanto a las ruinas como a los baños. El parque natural y la piscina abren todo el año, mientras que las ruinas echan el cierre a finales de octubre. No hay instalaciones, pero se puede comprar lo que se necesite en el Minimarket del Santa Fortunata, cerca de la parada de autobús. Para circuitos en kayak, visítese www.kayaksorrento.com.

Otras propuesta en el sur de Italia

Riserva Naturale dello Zingaro
La primera reserva natural protegida de Sicilia es un lugar fabuloso para nadar. Gracias a un grupo de activistas que impidieron la construcción de una carretera aquí en los años setenta, la zona atesora una fauna y flora únicas (orquídeas silvestres, lavanda de mar, erizos y halcones peregrinos incl.). A sus seis playas se llega a pie (2-3 h a través de la naturaleza) o en barco desde Scopello.

Imprescindible
Caminar hasta las cercanas cuevas de pastores de Bosco Scardina.

Spiaggia dell'Arcomagno
Un arco natural esculpido en la roca convierte esta playa en uno de los grandes atractivos de la costa del Tirreno calabrés. Sus tranquilas aguas, poco profundas y de un azul inusitado, están resguardadas de las olas por una suerte de anfiteatro en miniatura entre formaciones rocosas. También se la conoce como playa de Aeneas, por el mítico héroe que, al parecer, pasó por aquí tras la caída de Troya.

Imprescindible
Asistir a la espectacular puesta de sol, con los rojizos rayos de luz que atraviesan el arco.

Acompañar a los peces a su paso por Basilea

Relax, visitas turísticas, ambiente festivo

Jun-sep

Un solitario bañista cierra con destreza su bolsa impermeable amarillo chillón, se la echa al hombro y comienza a nadar, decidido, hacia el turbulento río. Grupos de amigos se solazan al sol sobre toallas a rayas. Una pareja posa para una foto sonrientes. Hay algo maravilloso y monumental en torno a esta armoniosa escena del Rin a su paso por el centro de Basilea: una adaptación contemporánea de *Los bañistas* de Renoir en la que los nadadores urbanos se mueven e interactúan inconscientemente, en sincronía, antes de darse un chapuzón.

Respetar la tradición

Los basilienses se cuentan entre los primeros europeos en reivindicar su río. En el s. s. XV, las monjas del convento de Klingental se bañaban aquí, y cuando en el s. XIX se prohibió nadar en el Rin, los lugareños respondieron construyendo casas de baños públicas a la vera del río. La contaminación industrial de los años ochenta impulsó ingentes operaciones de limpieza en las vías fluviales y, desde entonces, los lugareños no han dejado de disfrutar del río.

Miles de personas participan cada año en la popular Basel Rhine Swim y, desde el 2002, la oferta para quienes gustan de nadar entre naturaleza ha estado ligada a la llamativa *wickelfisch*: bolsa hermética de diseño local y con forma de pez que se utiliza para nadar y, también, como flotador.

Unirse a la fiesta

En verano reina un ambiente playero entre las multitudes que acuden a Einstieg Rhyschwimme, la pedregosa orilla del río, al pie del estrafalario Museo Tinguely, lleno de esculturas. Basilea es, también,

Dcha.: varios ferris antiguos cruzan de una orilla a otra del Rin valiéndose de un cable de acero.

Abajo: vistas desde el Mittlere Brücke, un puente construido en 1226.

© Peeradontax/Shutterstock; Ekaterina Pokrovsky/Shutterstock

Mi experiencia

Fui a nadar un martes y aquello cambió por completo mi visión de una actividad al aire libre que, por algún motivo, siempre había considerado "una cosa turística". Una vez los suaves rayos del sol y una cadencia más pausada se habían adueñado de la tarde, empezaron a salir de sus oficinas urbanitas que, tras meter el portátil y la ropa en una *wickelfisch*, no dudaron en lanzarse al agua para volver flotando a sus casas. Al igual que en cualquier ruta de autobús, tren o metro de una pequeña ciudad, había grupos de asiduos que charlaban con desgana, que comentaban la actualidad o que bromeaban sobre cualquier cuestión de camino a casa arrastrados por la corriente. Observar de cerca el íntimo y divertido vínculo que los basilienses comparten con el alma de su ciudad fue, francamente, un inspirador privilegio.

Nicola Williams

la ciudad suiza que celebra el Carnaval con tres días de fiestas callejeras y desfiles, todo ello aderezado con coloristas bolsas-flotador que salpican la vera del río cual globos de cumpleaños.

Los nadadores encajan en dos categorías: los espabilados lugareños que tras desnudarse y meter la ropa, el móvil y las llaves en una *wickelfisch* se lanzan con decisión al agua; y los novatos, que revuelven en sus bolsas y tardan una eternidad en meter un pie en el agua. Los primeros llevan también escarpines.

Seducción a la vieja usanza

El agua se siente fría en cualquier época. En segundos cubre y uno queda a merced de la corriente que, según el día, varía de agradable a fuerte. Hay que relajarse y dejarse llevar (literalmente) dando brazadas para controlar la dirección, permaneciendo junto a la orilla y esquivando los arcos de los tres puentes por debajo de los que se pasa en los 3 km de ruta río abajo. Admirar las dos torres de la rojiza *münster* (catedral) sobre el cautivador *aldstadt* (casco antiguo), en la margen izquierda. Pasar junto a ferris de época y por debajo del emblemático Mittlere Brücke (Puente Medio; 1226), pellizcándose para convencerse de que no se está en un parque acuático medieval. En la margen derecha de Kleinbasel, justo antes del Dreirosenbrücke (puente de las tres rosas), hay varios *buvettes* (bares con terraza) ideales para rememorar los tiempos de Renoir.

Dcha.: las curiosas *wickelfisch* de Basilea se utilizan para evitar que se mojen las pertenencias.

Pág. siguiente: el Aar, el río más largo de Suiza, cruza Berna, la capital.

Imprescindible

→ Ver el casco antiguo desde una perspectiva horizontal.

→ Otear los Vosgos (Francia) y la Selva Negra (Alemania).

→ Reponerse tomando algo o comiendo una 'fondue' en la antigua casa de baños 'art déco' Le Rhin Bleu.

Decídete

Cómo llegar

Desde la estación de trenes de Basilea, en la margen izquierda, se cruza el río y se toma Wettsteinstrasse al este hasta el Museo Tinguely, sobre la pedregosa Einstieg Rhyschwimme, principal punto de acceso al río, junto al puente Schwarzwaldbrücke. Son 30 min.

Nivel de dificultad

Navegar aquí no solo consiste en flotar: este río, además de veloz, es profundo, por lo que hay que nadar medianamente bien; abstenerse los niños. Cuanto mayor sea la bolsa de natación, más fácil resultará.

Más información

Se puede comprar una bolsa *wickelfisch* en la oficina de turismo de la estación de trenes (www.basel.com) o, antes, en www.wickelfisch.ch. Aunque haya quienes naden todo el año, la temperatura del agua cae exponencialmente de octubre a abril. En julio y agosto se organizan chapuzones con salida de Einstieg Rhyschwimme a las 17.45; hay que reservar. Puede descargarse la aplicación Bachapp para estar al tanto de la temperatura ambiente y del agua, de los puntos de entrada y salida, y de cuestiones de seguridad (www.bachapp.ch).

Otras propuestas urbanas suizas

Bains des Pâquis, Ginebra
Los asiduos a los incombustibles Bains des Pâquis se han caracterizado tradicionalmente por su coraje. Datados en 1872 y reconstruidos en la década de 1930, estos baños *art déco* hacen honor al mayor lago alpino de Europa, cuyas aguas descienden hasta los 4°C. Nadar hasta el faro decimonónico es una magnífica forma de evocar su antiguo glamur.

Imprescindible
Bañarse al alba tras asistir a un concierto en el marco del veraniego festival de Les Aubes.

Río Aar, Berna
La capital suiza seduce a los nadadores naturales con el río más largo con inicio y fin dentro de las fronteras del país. Hay varias piscinas ribereñas y playas de guijarros para disfrutar serenamente del agua, pero los más aventureros prefieren lanzarse desde el peatonal puente de Schönausteg. Tras flotar unos 800 m se recomienda salir a la altura de la piscina Freibad Marzili.

Imprescindible
Tras nadar, se puede tomar algo en el jardín de la ribereña Dampfzentrale, una central térmica reciclada en centro cultural, 300 m río arriba.

Río Stour, Suffolk, Inglaterra

Refrescarse en la bucólica campiña de Constable

Vistas atemporales, verano, paz

Jun-sep

"Debería pintar mejor mis propios lugares", escribió en 1821 el artista, natural de Suffolk, John Constable, uno de los grandes maestros del paisajismo británico. Basta visitar el "país de Constable" para entender por qué este trozo de Inglaterra le resultaba tan inspirador. Situado entre los condados de Suffolk y Essex, el valle de Dedham es sin duda la versión más bucólica de la campiña inglesa, cuyos prados ribereños y pintorescas aldeas son hoy Área de Destacada Belleza Natural (AONB, en sus siglas en inglés).

Constable pintó su tierra natal hasta la saciedad, lo que resulta evidente en su lienzo más famoso: *La carreta de heno*. En la obra se aprecian dos caballos tirando de un carro junto a una idílica casita junto a un río, bajo un cielo azul tachonado de esponjosas nubes blancas. Esta arquetípica escena pastoral no salió de su imaginación, sino de la vida real, y quienes visiten ahora la región constatarán que apenas ha cambiado.

Una obra de arte viviente

La ruta empieza en el puente de Fen, cerca de Dedham, donde Constable solía cruzar el Stour de camino a la escuela. Es un lugar tranquilo con algunas pozas bastante profundas, varios puntos de acceso fácil al agua y, generalmente, temperaturas agradables en verano. No deben importar las hierbas, pues es parte de la auténtica experiencia de nadar en plena naturaleza; es mejor centrarse en las flores silvestres de

Dcha.: el río Stour es la frontera natural entre los condados de Suffolk y Essex.

Abajo: el pintor local John Constable encontró inspiración en el Stour.

Mi experiencia

Fue aquí donde mi hijo de 9 años nadó realmente en la naturaleza. Henry, que había mostrado bastante entereza en Felixstowe el día anterior, estaba dispuesto a atreverse con un río. Le iban a acompañar varios parientes, y aunque eso me tranquilizaba, no quitó para que le siguiera de cerca cuando entró en el agua. Disfruté viendo su cara de alegría tras meterse hasta los hombros y, luego, empezar a nadar a cierta distancia de la orilla. Fue, en definitiva, la primera de muchas aventuras juntos.

Orla Thomas

Izda.: el Flatford Mill aparece en un célebre lienzo de Constable pintado en 1816.

Pág. siguiente: St Ives, un imán para artistas desde finales del s. XIX, cuenta en la actualidad con su propia Tate.

Imprescindible

→ **Probar los espárragos de Suffolk, de mayo a mediados de junio.**

→ **Procurarse una pinta y un bote de remos en el Boatyard Restaurant de Dedham.**

→ **Merendar a la inglesa en el café del molino de Flatford.**

la orilla, como las nomeolvides de agua y arroyuelas, entre las que revolotean libélulas, abejas y mariposas. Después, se sigue aguas abajo unos 800 m, sin mayor presencia que la de algunas vacas indiferentes, hasta alcanzar el puente de Flatford.

Tras pasar por debajo de esta bonita estructura de madera, se verá una casa con techumbre de paja del s. XVII. Es el Bridge Cottage, hoy perteneciente al National Trust británico, que alberga una exposición sobre la vida del artista. Más abajo por el río enseguida se ven los ladrillos rojos del Flatford Mill y el color crema del Willy Lott's Cottage, que tanto recuerda a los edificios de los óleos de Constable. Inmerso en el agua, se deja de ser un mero visitante del museo para convertirse en activo participante de las escenas que inmortalizó en sus lienzos.

Recordando a Constable

"Para mí pintar es otra forma de sentir", escribió Constable a un amigo, y lo mismo podría decirse de nadar en estos parajes. Hay que dedicar un momento a ver cómo el sol -o las gotas de lluvia, rasgo igualmente distintivo de la temporada- se posa sobre la piel. Dar unas cuantas brazadas bajo el agua, emulando a los patos, gansos y cisnes que también se deslizan por aquí. O, alternativamente, dejarse llevar meditabundo entre los nenúfares, flotando de espaldas como otro icono del arte británico, la *Ofelia* de John Everett, empapándose de los sonidos del verano inglés.

Decídete

Cómo llegar

El puente de Fen queda a 1 h a pie en paralelo al río o a 10 min en taxi desde la estación de trenes de Manningtree, conectada con la londinense Liverpool Street. Otra opción es conducir hasta Dedham, aparcar en el Riverside Carpark y caminar 20 min por un sendero hasta el puente (no hay acceso directo por carretera a la zona de baño).

Nivel de dificultad

Pese a no ser adecuado para personas con problemas de movilidad, el descenso por este río resulta apropiado para novatos gracias a su lento caudal. Hay riesgo, eso sí, de que la corriente sea más vigorosa tras un fuerte aguacero, pudiendo dar lugar a la presencia de sedimentos contaminantes. Para recomendaciones, visítese www.nationalwatersafety.org.uk.

Más información

Cerca del inicio, en Dedham, hay lavabos públicos y cafés con aseos donde poder cambiarse, además de un salón de té y lavabos en el Flatford Mill. Más información en www.visitsuffolk.com.

Otras propuestas artísticas británicas

Derwentwater
Otro gran paisajista británico, J. M. W. Turner, en el Distrito de los Lagos pintó varias acuarelas. Sus imágenes de Derwentwater capturan la serenidad inherente a esta enorme masa de agua entre montañas, que aún perdura más de dos siglos después. Con orillas en su mayor parte de acceso público y varios muelles para zambullirse, se trata de un lago fantástico, aunque interesa llevar una bolsa de natación para ser visible a las embarcaciones que pasen cerca.

Imprescindible
Atisbar la isla de Lord, otrora hogar de la aristocracia local.

St Ives
De bellas playas, la costa de Cornualles ha inspirado a incontables artistas, transformando este antiguo pueblo de pescadores en el principal centro cultural del suroeste. En su galería Tate se exhiben paisajes marinos de Christopher Wood y Alfred Wallis, quienes trabajaron codo con codo desde 1928. Para nadar, solo hay que ir a la playa del centro, Porthmeor, con olas épicas y socorristas.

Imprescindible
Probar las típicas empanadas del lugar (*Cornish pasties*) sin descuidarse ante las avispadas gaviotas.

El destino de vacaciones preferido de Hungría

Historia, playas, fuentes termales

Jul-ago

Los centroeuropeos que anhelen la playa tienen dos opciones principales: o bien ir al sur hasta las islas del Adriático o al norte hasta las playas del Báltico. Pero hay una tercera opción: el lago Balatón, el tercero más grande de Europa central, un mar interior de 598 km^2 situado en Hungría. Abrazado por bosques y viñedos, es un importante destino vacacional desde que en el s. XIX la aristocracia eligiera sus orillas para veranear. Justo en el corazón del continente, el lago tiene unas dimensiones tan descomunales que a veces no se acierta a otear su extremo más alejado.

Mar de Hungría

Balatón no anda escaso de poblaciones costeras: Siófok es la más grande; Zamárdi acoge escandalosos festivales; Balatonfüred es la preferida de los yates; y la pequeña Keszthely, la más coqueta. Todos los años, Városi Strand, en el rincón más occidental del lago, recibe multitud de veraneantes. Se define por sus frondosos parques y su palacio barroco, amén de numerosos lugares para nadar entre cisnes e hidropedales.

Alejándose un poco, se encontrarán a la izquierda un bonito muelle y pequeños embarcaderos donde muchos lanzan el sedal con la esperanza de que pique una buena carpa. Más lejos a la derecha se ve el Refugio de Vida Silvestre de Kis-Balaton, una zona pantanosa donde el río Zala vierte sus aguas en el lago. Con temperaturas estivales en torno a 25 °C, Balatón es un sitio

Dcha.: la preciosa casa de baños de Keszthely se construyó en 1893.

Abajo: Hévíz es, tras el neozelandés lago Frying Pan, el segundo mayor lago de aguas termales del mundo.

© Melinda Nagy/Shutterstock; Takacs Szabolcs/Shutterstock

Mi experiencia

Mi viaje al lago Balatón fue bastante improvisado. Durante todo el verano había pensado en alguna playa tranquila. Pero los típicos destinos de Mediterráneo o bien estaban al completo o se salían de mi presupuesto. Encontré entonces una oferta de última hora a Hévíz-Balatón. La idea de pasar unas vacaciones de playa en el corazón de Europa parecía contradictoria, pero no tardé en convencerme de los atributos del Balatón. Los días en el lago transcurrían entre caminatas por el bosque, visitas a palacios y relajantes cafés entre pensionistas húngaros de vacaciones. Pero inevitablemente siempre volvía a centrar la atención en la reluciente superficie del lago, donde cada jornada empezaba y terminaba con un baño.

Oliver Smith

genial para nadar lánguidamente disfrutando de las vistas; y por más grande que sea, tiene una profundidad media de 3 m, con lo cual absorbe fácilmente el calor del sol.

Entrar en calor

Dicho esto, hay lugares todavía más cálidos para nadar en esta parte de Hungría. Una buena idea es tomar un autobús a 1,5 km de Keszthely y dirigirse al lago Héviz, que pese a ser una menudencia en comparación con Balatón, constituye el segundo lago termal más grande del planeta (y el más grande abierto a los bañistas). Aquí, el agua brota de un manantial a una divina temperatura de 40 °C, e incluso en pleno invierno, cuando Balatón está congelado y los pescadores de hielo se adueñan de su superficie, su agua está tan caliente como la de la bañera de casa. En el centro del lago se cierne una histórica casa de baños del s. XVIII que invita a sumergirse en sus vaporosas aguas entre nenúfares. Es un lugar de arraigada tradición: soldados romanos, aristócratas austrohúngaros y tropas soviéticas buscaron en algún momento de la historia los efectos terapéuticos de sus aguas ricas en minerales. Si apetece una experiencia única, lo mejor es repartirse el tiempo entre el sensual fervor de Héviz y la tentadora frescura de Balatón.

Dcha.: Keszthely posee varios museos peculiares, uno de ellos dedicado al mazapán.

Pág. siguiente: pese a estar prohibido durante años, ya se puede nadar en el Danubio.

Imprescindible

→ **Bañarse al ocaso en el sereno lago Balatón.**

→ **Nadar en las históricas casas de baños techadas del lago Héviz.**

→ **Catar vinos húngaros en los bares y restaurantes de Keszthely.**

Decídete

Cómo llegar
Desde la estación de Déli (Budapest) hay trenes directos que cubren en 2½ h el trayecto a Keszthely, de donde, a su vez, salen autobuses regulares hacia Héviz (15 min). Balatón es excelente para ir en bicicleta, tanto que hasta hay un carril-bici alrededor del lago.

Nivel de dificultad
En Balatón, las olas son imperceptibles y las mareas, inexistentes; pese a ello, los nadadores menos confiados deben saber que la orilla sur es menos profunda que la norte. Y aunque hay servicio de socorristas en el lago, normalmente solo se ven en las playas más concurridas.

Más información
Nadar en Balaton es gratis pero existen clubes de playa (en especial en la orilla sur) que cobran entrada. En el lago Héviz (abierto todo el año) se venden entradas de 3 h y bonos de un día a precios razonables (www.heviz.hu). Más información en www.visithungary.com.

Otras propuestas cerca de Budapest

Lago de Velence

A medio camino entre Balatón y Budapest se encuentra esta inmensa masa de agua cuajada de juncos, considerada uno de los lagos más cálidos de Europa. Los fines de semana de verano, su orilla sur se atesta de residentes capitalinos; la orilla norte, más tranquila, está tajada por carriles-bici entre humedales y tierras de labranza.

Imprescindible

Las vistas de las islas artificiales desde la torre-mirador de la orilla noroeste del lago.

Római Part

Aunque el Danubio sea un rasgo esencial de Budapest, bañarse en el río más largo de Europa central estuvo prohibido durante mucho tiempo. Lo bueno es que la calidad del agua ha mejorado y desde el 2021 se puede bracear de nuevo (aunque con algunas restricciones). En pleno verano se lleva la palma Római Part, una playa de cantos rodados al norte del centro urbano, donde se puede bailar un vals con la corriente, sin descuidarse para no terminar en el mar Negro.

Imprescindible

Alquilar una tumbona y echar la tarde viendo los barcos pasar.

Berneray, islas Hébridas Exteriores, Escocia

Las aguas más gélidas y salvajes de Escocia

Soledad, lejanía, fauna

May-sep

Encaradas al furioso norte del Atlántico, las recónditas Hébridas Exteriores escocesas son el trampolín a un mundo muy distinto. Y el centro de su universo es Berneray, una microscópica isla situada en pleno estrecho de Harris: esa belleza salvaje que hace que nadar aquí sea como saltar hacia lo desconocido.

Se visite cuando se visite, lo más probable es que se tenga la West Beach en exclusiva. Esta inmaculada franja de arena de 5 km, brillante como la sal y lamida por un mar que transita gradualmente de radiante turquesa a zafiro oscuro, es una estampa tan celestial que la entidad de turismo de Tailandia llegó a utilizar una foto suya para promover la playa de Kai Bae. Pero aquí no se encontrarán las huestes de turistas del país asiático, sino alguna que otra nutria, quizá, y el suave sonido de las olas.

Costas olvidadas

Acceder a la playa es mágico: al no haber carreteras en este lado de la isla, hay que trepar entre ovejas por laderas cubiertas de hierba y collados escarpados a lo largo de 2-3 km y luego abrirse paso por el *machair*, peinado por la brisa y , en verano, tapizado de flores. Las aves marinas trinan y gorjean mientras las nubes pasan veloces, amenazando lluvia y, al rato, dejando pasar los rayos de sol.

Dcha.: vistas de la isla de Berneray desde North Uist, a la que está unida por una calzada.

Abajo: el verde *machair* ("fértil", en gaélico) desciende hasta la playa en Berneray.

© Eric Isselee/Shutterstock; John Turp/Getty Images; Dave Atherton/Shutterstock

Mi experiencia

Era una fresca mañana de otoño. El mar, cristalino, recordaba a una vidriera; el viento barría el *machair* formando suaves ondas; y la arrebatadora West Beach era toda para mí. Corrí al agua y, mientras saltaba, se disolvió cualquier sensación de turbación. Jadeé a causa del frío y sentí un martilleo en el corazón. Pero sabía que era algo pasajero, así que nadé en dichosa soledad frente a la vasta y arenosa orilla. Con la piel de gallina, enrollada en una manta y ansiosa por abrir el termo, saboreé el radiante momento que sigue al remojón, con las endorfinas disparadas y la sangre regando lentamente mis extremidades. ¡Qué alegría poder sentirme tan viva!
Kerry Walker

Izda.: las nutrias marinas de Berneray se ven mejor cuando empieza a subir la marea.

Pág. siguiente: la playa de Luskentyre, con su hechizante arena y sus aguas azul verdoso.

Imprescindible

→ **Ver nutrias en la punta norte de la playa.**

→ **Buscar raras orquídeas entre el 'machair' en verano.**

→ **Embelesarse con la fogosa puesta de sol en la playa.**

El pulso se acelera y la alegría invade el ser al descender por las dunas hacia la arqueada playa, de belleza surrealista, que al fin aparece en la distancia.

Es un momento es único, completamente íntimo en la naturaleza, como en los albores de la creación. Y no hay que preocuparse si no se lleva bañador: tampoco hay mirones. Ya desnudo, ansioso por sentir el gélido abrazo del mar, se siente entre los dedos la arena, resultado de millones de conchas pulverizadas. Tiritar y gritar es lo normal. Nada de arrepentimientos.

Emociones en aguas frías

Meter un dedo para ver cómo está el agua no vale: aquí es todo o nada. ¡Aguantar la respiración, armarse de valor, lanzarse y ponerse a nadar!: en ese orden. Cabía esperar que estuviera fría, pero ¡no tan fría! Su brutalidad es como una bofetada en la cara. Pero a medida que se empieza a nadar, acelerando el ritmo para entrar en calor, la impresión se convierte en júbilo y cada fibra del cuerpo se siente más viva que nunca.

Nadando en los remotos dominios noroccidentales de Escocia, es como si el tiempo se detuviera: unos pocos minutos se transforman en una eternidad. De vuelta a la orilla, envuelto en la toalla y tomando algo caliente, uno creerá haber renacido. La mirada se dirige instintivamente hacia el horizonte, posándose en los islotes de Pabbay y Boreray, más remotos todavía. Imaginárselo es solo el principio...

Decídete

Cómo llegar
Los ferris de CalMac unen Berneray con Leverburgh. La isla está también conectada por una calzada con North Uist. Varios autobuses circulan a diario entre el aeropuerto de Benbecula y Berneray (1 h). Desde el centro cívico de Borve hay unos 20 min de caminata por prados y dunas hasta la playa.

Nivel de dificultad
Como presumiblemente no habrá nadie más, para nadar aquí hay que estar en forma y bien de salud. Y aunque cualquiera con cierto nivel puede hacerlo, conviene no alejarse de la orilla y estar atento al tiempo, que puede cambiar en un santiamén.

Más información
El acceso a la playa es libre y aunque, en teoría, se puede nadar en cualquier época del año, el agua está menos fría en septiembre. Al no haber instalaciones cerca, hay que llevar una toalla, un albornoz, alguna bebida caliente, etc. Más información en www.isleofberneray.com y www.visitouterhebrides.co.uk.

Otras propuestas en las Hébridas Exteriores

Playa de Luskentyre
Es normal pellizcarse al ver los increíblemente bellos remolinos de arena blanca y las dunas de esta playa lamida por un mar azul verdoso. Y es que, si estuviera en otro sitio, estaría abarrotada. Pero no en la salvaje y solitaria costa oeste de South Harris. El agua está fría (9°C) y las condiciones pueden cambiar rápidamente. ¿Cómo es nadar aquí? Espléndido.

Imprescindible
Ir con la marea baja, cuando la playa se prolonga a lo largo de kilómetros, sin perder de vista la diminuta isla de Taransay.

Prince's Beach
Cuando Carlos Eduardo Estuardo desembarcó en 1745 en esta sublime playa de la isla de Eriskay, dispuesto a encabezar la rebelión jacobita, lo que encontró fue un trocito de cielo en la Tierra. Su gélida agua corta la respiración y tiene bastante caída, pero una vez aclimatado, uno quedará prendado de la deliciosa soledad y de las vistas, que se dilatan hasta Barra.

Imprescindible
Estar al quite por si se ven nutrias, pigargos europeos, ballenas y delfines

Monasterio de Panagia Hozoviotissa, Amorgos, Grecia

Entregarse a un mar azul bajo un monasterio blanco

Paz, majestuosidad, nostalgia cinematográfica

Jun-oct

Tras alcanzar el promontorio, la atención se dirige automáticamente al centelleante mar azul cobalto que se extiende hasta el horizonte. Pero primero toca encontrar un empinado camino para bajar. Más tarde se decidirá si ir a los peñascos que sobresalen en el mar o recortar hacia el interior hasta la diminuta playa de guijarros conocida como Agia Anna (por la pequeña capilla enjalbegada junto a la orilla).

Un secreto desvelado

Jamás se adivinaría que a la izquierda se halla uno de los lugares más emblemáticos de Grecia, pero que apenas se ve desde tierra firme. A medida que uno se adentra en el mar, el agua se torna más fresca y los acantilados empiezan a asomar, y poco a poco emerge un asombroso monasterio blanco que parece incrustado en la roca. Construido en el año 1017 en la escarpada costa este de Hora, el principal núcleo poblacional de Amorgos, Panagia Hozoviotissa se diseñó con el propósito de quedar oculto desde casi todos los ángulos, a modo de defensa frente a los saqueadores. En él se venera a Panagia, la Virgen María, patrona de la isla. Y recibe su nombre del enclave palestino de Hozovo, de donde, al parecer, procede el sagrado icono del monasterio.

Pese a cautivar con sus ocho alturas y su centenar de salas talladas en la roca, la estructura se antoja pequeña ante la inmensa cara del monte en la que se ubica: el Profitis Ilias. Se necesitan días para explorar los numerosos

Dcha.: el monasterio, emplazado en Amorgos y dedicado a la Virgen, está construido en la cara del acantilado.

Abajo: vistas desde el acantilado de la playa de Agia Anna y el mar Egeo.

© leoks/Shutterstock; Martin M303/Shutterstock

Mi experiencia

Gracias a ser pintor, si hay algo que jamás olvidaré de esta sensacional experiencia serán las inagotables tonalidades de azul que se aprecian en el agua. A medida que el mar se vuelve más profundo, los cerúleos dan paso a verdes azulados y a cobaltos: colores que me sedujeron de inmediato y, por mucho que me esforzara, difícilmente podría reproducir de un modo tan impresionante. Salimos muy temprano para aprovechar la serenidad, pero cuando llegamos encontramos dos bañistas desnudos que se nos habían adelantado. Tras debatir la necesidad de llevar bañador, decidimos dejárnoslo puesto: ¡al fin y al cabo estábamos frente a un monasterio y una capilla! Ya disfrutaríamos del sol, desnudos, en otra playa...

Alexis Averbuck

senderos que zigzaguean por el agreste terreno en dirección a playas recónditas, a través de laderas y terrazas de piedra abandonadas, o por ruinas de molinos cicládicos y restos de antiguos asentamientos. Sin embargo, nada es comparable a verlo desde el agua, flotando bocarriba, mientras el sol se posa sobre la tierra y el monasterio reluce inmaculado frente a un mar de infinita serenidad.

Sumergirse en el gran azul

Amorgos sigue estando relativamente fuera del radar turístico: hasta el ferri rápido de Atenas tarda 7 h en llegar. Pero tanto los aficionados al buceo libre como los fans del clásico de culto de Luc Besson *Le Grand Bleu* (1988) reconocerán el lugar por su papel protagonista en esta película que relata la historia ficticia de Enzo Maiorca (interpretado por Jean Reno) y Jacques Mayol (Jean-Marc Barr), dos buzos que en realidad eran adversarios. Las inmersiones se rodaron aquí y, además, se incluyó abundante metraje del evocador pecio del Olympia, al otro lado de la isla, en la bahía de Liveros.

Una vez concluida la sesión de submarinismo, se puede tomar el sol en la rocosa orilla o prepararse para subir al monasterio. Culminar los 350 escalones desde el aparcamiento se verá recompensado, primero, por su estampa y, luego, por la amplia vista del mar en el que se estaba poco antes.

Dcha.: el *Olympia* naufragó en Amorgos durante una tormenta en 1980.

Pág. siguiente: la playa de Vlychos, en la isla de Hidra, a un corto paseo de la población principal.

Imprescindible

→ Zambullirse desde las rocas.

→ Visitar el monasterio (es obligado vestir con discreción).

→ Probar las exquisiteces locales en el Ston Pyrgo o el Youkali.

Decídete

Cómo llegar

A Amorgos hay ferris tanto desde el Pireo (el puerto de Atenas) como desde otras islas Cícladas. No hay aeropuerto. En el destino, hay que alquilar un vehículo o tomar un autobús de Katapola al Moni Hozoviotissa y la playa de Agia Anna.

Nivel de dificultad

Aunque nadar en esta playa es sencillo, el acceso (por escaleras y un sendero pedregoso desde el aparcamiento) es difícil para personas con problemas de movilidad. Se desaconseja el baño si sopla fuerte el viento de mar a tierra, cuando el mar se pica y no se dan las condiciones de seguridad necesarias.

Más información

Nadar es gratis. No hay instalaciones, salvo un pequeño sitio para cambiarse. Para visitar el monasterio hay que subir al aparcamiento y luego, 350 escalones. Vestimenta: ni *shorts* ni minifaldas, hombros cubiertos y mujeres con falda (no pantalones). Véase www.amorgos.gr.

Otras propuestas griegas

Hidra

En esta isla, accesible solo por mar, no hay ni aeropuerto ni coches. Las casas del magníficamente preservado pueblo de piedra rellenan una cala natural y abrazan los bordes de las montañas circundantes. Aquí, a escasa 1½ h de Atenas, se encontrará un prístino litoral que invita decididamente a un chapuzón. Son insuperables las preciosas vistas del pueblo, del Peloponeso y de las otras islas del golfo Sarónico desde las rocas del extremo occidental del puerto.

Imprescindible

Despedir el sol con un cóctel en Hydronetta.

Elafonisi (Creta)

Una larga franja de arena rosácea y color crema célebre por sus cristalinas aguas turquesas en cuyos remolinos con frecuencia se observa un arrebatador arcoíris. Aunque en verano se pone hasta los topes, llegado el otoño, cuando el grueso de los visitantes desaparece, es una delicia. Vadeando se llega a una diminuta isla (solo accesible con la marea baja) que es una bendición.

Imprescindible

Hacer noche en la zona para exprimir al máximo la playa casi en soledad.

Laguna de Venecia, Véneto, Italia

Nadar frente al Lido de Venecia

Sin turistas, diversión en familia, fantásticos humedales

Jul-ago

Casi nadie asocia la ciudad de Venecia con nadar, pues sus antiguos canales no son precisamente el lugar más tentador para ello. Pero lo cierto es que hay pocas cosas comparables a darse unas brazadas en la inmensa laguna a la que pertenece esta simpar ciudad acuática. Esta masa de agua de 550 km² engloba decenas de islas y frágiles ecosistemas de cambiantes humedales, separados del mar Adriático por una angosta franja de tierra con tres estrechas bocas que permiten que el agua dulce se mezcle con la salada gracias a las mareas.

Travesía desde Venecia
Mientras los turistas abarrotan los *vaporetti* (autobuses acuáticos) de camino a las comerciales islas de Burano y Torcello, los venecianos recurren a la tranquila línea nº 13 –cargados de equipo de buceo, merienda, cubos y demás– con destino a la isla de Sant'Erasmo, donde se concentran las huertas que abastecen de verduras a la ciudad. Y es justo en el extremo sur de esta isla donde se halla una pequeña playa oculta que da a las serenas e irresistibles aguas de la laguna.

La misteriosa Isola del Bacan
Una vez empieza a retroceder la marea, a varios cientos de metros de la playa se observa una fina franja de reluciente arena que mágicamente va agrandándose hasta convertirse, durante unas horas, en la efímera Isola del Bacan.

Dcha.: el barco es el medio más práctico para surcar los casi 50 km de vías navegables que hay en Venecia.

Abajo: la laguna de Venecia está salpicada de pequeñas islas, como San Giorgio Maggiore.

Mi experiencia

Siempre que voy a Sant'Erasmo, lo primero que hago es ir a la trattoria Al Bacan y pedir mi pasta favorita: *spaghetti alle vongole*, cargados de almejas al ajillo. Luego, pongo rumbo a la playa de la laguna y allí me echo una siestecita antes de nadar hasta la Isola del Bacan. Excepto en una ocasión, que vi el barco de unos amigos venecianos atracado en la playa y me propusieron ir a la isla de Torcello, donde también se puede nadar, aunque en aguas mucho más frías y profundas, y siempre atentos a las corrientes. La recompensa fue una experiencia casi mística: la posibilidad de nadar completamente solos en la inmensidad de la laguna, sin mayor presencia que la del campanario de la basílica de Torcello en la distancia, construido originalmente hace 1400 años.
John Brunton

Izda.: en Venecia solo se permite la captura de cangrejos unos pocos días al año.

Pág. siguiente: Las Pozze Smeraldine (piscinas esmeralda), cerca de Tramonti di Sopra.

Imprescindible

→ **Tomar el sol en la playa después de bañarse.**

→ **Regalarse un festín a base de pescado fresco a la parrilla.**

→ **Nadar junto a mariscadores atareados.**

Entre semana, la isla está desierta, lo contrario que los domingos, cuando cantidad de embarcaciones echan el ancla junto a ella. Los lugareños se zambullen en la laguna o nadan hasta este islote cuajado de sombrillas donde mandan los pícnics regados de *prosecco*. Los más osados siguen dando brazadas, alejándose de lo mundano.

A lo lejos se ven los diques del sistema MOSE, que cuando es preciso protege la laguna de la subida del nivel del mar para evitar los daños que produciría en Venecia la temida *acqua alta*.

Preciados humedales

Del mismo modo que los humedales constituyen un paraíso natural para la flora y la fauna, al nadar se verán escenas de la vida cotidiana: pescadores lanzando el sedal con la esperanza de atrapar un róbalo, remeros entrenándose para la regata anual,...

Con la pleamar, mientras la isla desaparece lentamente, toca volver a nado a la playa y poner el colofón a la aventura, ya sea alquilando una bicicleta en la *trattoria* Al Bacan para explorar la isla de Sant'Erasmo o regresando a pie a la parada del *vaporetto* para volver a la ciudad. Aunque aquí aguarda una última sorpresa: la bodega de Orto di Venezia elabora un raro vino producido con las uvas que se cultivan en la arenosa y salada tierra de la laguna. Se recomienda reservar una cata y brindar por una jornada para el recuerdo.

Decídete

Cómo llegar
Desde la parada del *vaporetto* de Fondamente Nuove, en Venecia, se toma el n° 13 a la isla de Sant'Erasmo. Ya en Capannone, la playa de Bacan, frente a la estrecha isla de arena, queda a un paseo de 15 min. Otra opción es alquilar una embarcación eléctrica (www.classicboatsvenice.com; no se necesita permiso).

Nivel de dificultad
Aunque nadar o vadear de la playa a Bacan es muy fácil, es preferible que los niños vayan acompañados. Pasada la isla, las aguas son más profundas y hay fuertes corrientes. Nada es sencillo en Venecia para los viajeros con problemas de movilidad, pero llegar a Bacan es posible.

Más información
No se cobra entrada. La *trattoria* de Sant'Erasmo, Al Bacan, se asoma a una playa de arena y a la laguna; a los clientes se les permite usar los aseos para cambiarse. Los servicios se limitan a un chiringuito con tumbonas y sombrillas. Las catas de vinos han de reservarse (www.ortodivenezia.com). Visítese también www.veneto.eu/ES/SantErasmo.

Otras propuestas cerca de Venecia

Pozze Smeraldine
A su paso por la garganta del valle de Cellina, en el P. N. de los Dolomitas Friulian, en la región de Friuli-Venecia Julia, el veloz río Meduna crea un paraíso escondido de translúcidas pozas verde esmeralda. Desde el pueblo de Tramonti di Sopra, un camino de montaña lleva, en 30 min, a una zona donde el caudal se serena en estas mágicas y silenciosas pozas con diminutas playas y enormes bloques de caliza.

Imprescindible
Lanzarse desde las rocas.

Banco d'Orio
La laguna de Grado está separada del Adriático por una fina isla de arena conocida como Banco d'Orio, premiada con largas playas cuajadas de conchas. El difícil acceso se realiza alquilando un barco en Grado o contratando un taxi acuático para cubrir la travesía de 15 min. La recompensa es sentirse como un náufrago en una isla desierta, sin mayor dilema que decidir si bañarse en las transparentes aguas del Adriático o en las arremolinadas corrientes de la laguna.

Imprescindible
Contemplar la despampanante puesta de sol.

Parc National des Calanques, Provenza, Francia

Las azules aguas del Mediterráneo

Escapada urbana, vistas, senderismo

Jun y sep

Las gafas de sol se hacen imprescindibles de camino a este sureño parque nacional francés. No solo para ir a juego con esta parte tan chic de Provenza, sino para protegerse los ojos de la deslumbrante gama de azules que proyecta al mar y de los potentes rayos de sol que rebotan en las blancas colinas. La misma luz cegadora que en el s. XIX atrajo a artistas, ahora hace lo propio con los entusiastas de Instagram. Aquí se viene, eso sí, por sus aguas cristalinas.

Un esfuerzo con recompensa

Las *calanques* son un conjunto de blancos acantilados que se alzan sobre rutilantes calas a lo largo de la costa entre Marsella, Cassis y La Ciotat. Aunque hay varias y todas merecen la pena, las más famosas son Sormiou, Sugiton, St-Estève, En-Vau y Port-Miou. Bellas, sí, pero no precisamente accesibles.

Se suele llegar a pie, por pronunciadas sendas de arena moteadas de maquia y garriga, vegetación autóctona que se ha adaptado a la sequedad del terreno, principalmente arbustos de salvia, tomillo, lavanda y enebro, cuyo estimulante aroma desparrama el famoso viento mistral. Durante unos segundos también se atisbará el Mediterráneo, enmarcado perfectamente por blancos acantilados tachonados de pinos, antes de que el camino trace otro requiebro y vuelva a desaparecer.

Se elija la *calanque* que se elija, el marco será indefectiblemente hermoso,

Dcha.: la *calanque* de Sugiton, una de las 26 que conforman el parque nacional próximo a Marsella.

Abajo: la *calanque* de Port-Pin debe su nombre a los pinos de Alepo de la región.

© LiliGraphie/Shutterstock; Myra tairou/500px/Getty Images; andre quinou/Shutterstock

Mi experiencia

Después del trayecto en autobús y la posterior caminata, me di un refrescante chapuzón. Refrescante tirando a frío. Tras unos días disfrutando de los muchos placeres de Marsella, me apetecía explorar la costa aledaña. Llegar fue parte de la diversión. Me parecieron fascinantes las vistas desde el autobús y, pese al calor, el paseo fue precioso. Dar con la forma de acceder al agua, en cambio, fue bastante lioso. Finalmente dimos con unas plataformas naturales junto a los acantilados, situadas a diferentes alturas sobre el agua. Descansé un rato a la sombra de un pino, viendo al resto tirarse al agua desde las rocas. Luego llegó mi turno. La temperatura del agua y las vistas me dejaron sin aliento. Y es que mi primer chapuzón en una *calanque* fue una pasada en todos los sentidos.
Clifton Wilkinson

aunque probablemente no haya paz y tranquilidad. En verano (máxime en agosto, cuando todo el país parece estar de vacaciones), en estas calas no cabe un alfiler. Lo mejor es visitar la zona en septiembre (menos gente, aguas cálidas) o bien desviarse en busca de una sección más apartada, a poder ser un risco con algo de sombra y no lejos del agua.

Dcha.: las escarpadas paredes de En Vau hacen que sea una de las *calanques* más espectaculares.

Pág. siguiente: la Blue Lagoon, en Gales, recibe cada otoño a cientos de focas.

Un azul de ensueño

Lo que verdaderamente cautiva aquí al visitante es el azul (o, mejor dicho, los azules) fruto de la embriagadora combinación del mar y el cielo. Pero que nadie se llame a engaño por el abrasador sol y la sugerente agua: la temperatura en esta parte del Mediterráneo es más baja de lo que cabría imaginar. Habiendo comprobado previamente que no hay ningún obstáculo submarino, es normal que se produzca cierta impresión en el momento de entrar en contacto con la fresca agua del mar. Por suerte, uno enseguida se acostumbra a ello, y una vez dentro, el panorama resulta más maravilloso todavía.

Nadar en unas aguas que pasan del turquesa al celeste y, acto seguido, de cerúleas a cualquier tonalidad de azul imaginable, mientras se observan los acantilados de caliza y la desaliñada vegetación por donde se ha caminado poco antes, es una experiencia única. La secuencia es sencilla: trepar para salir (con escarpines, para no cortarse con las afiladas rocas), secarse, sonreír y sucumbir de nuevo a la necesidad de saltar al agua.

Imprescindible

→ Lanzarse al agua desde las rocas (con cuidado).

→ Disfrutar de un pícnic provenzal con vistas.

→ Caminar hasta otro sitio donde bañarse.

Decídete

Cómo llegar

Como mejor se llega al inicio de las sendas de las *calanques* es en autobús, pues aparcar es difícil y a veces está prohibido en verano por el riesgo de incendios. Hay servicios desde Marsella, La Ciotat y Cassis. Desde esta última, la *calanque* de Port-Miou queda a 30 min de paseo.

Nivel de dificultad

La complejidad al tratar de llegar a las *calanques* y al agua hace que sean inaccesibles para visitantes con problemas de movilidad. Una buena alternativa es un barco desde Marsella: sinónimo de fantásticas vistas y oportunidades para nadar. Las corrientes y cursos de agua subterráneos hacen que la temperatura del agua sea fresca incluso en verano. Antes de saltar desde las rocas hay que asegurarse de que no haya nada que entrañe peligro. En verano solo hay socorristas en Sormiou y St-Estève.

Más información

El parque nacional abre todo el año y es de acceso gratis. No hay instalaciones (excepto restaurante en un par de *calanques*), de ahí que haya que llevar cuanto pueda necesitarse, protector solar y agua incluidos. Más detalles en www.calanques-parcnational.fr.

Otros propuestas con caminata

Blue Lagoon, Gales
Aunque el sendero de la costa de Pembrokeshire brinda numerosas opciones para bañarse, para una experiencia realmente única, con una dosis de historia local, lo mejor es emprender una caminata a la Blue Lagoon, en la bahía de Abereiddi. Fue una industriosa cantera de pizarra hasta que se reventó el malecón, permitiendo que entrara el agua que forma la laguna actual. Su tono aguamarina se debe a la pizarra y su profundidad (25 m) garantiza una temperatura vigorizante.

Imprescindible
Hacer una trepidante excursión costera en grupo.

Malibu Creek Rock Pool, EE UU
Yendo hacia el interior desde las casas de las *celebrities* de Malibú se encuentra el Malibu Creek State Park, con varios senderos para caminar que parecen a años luz del conglomerado urbano de Los Ángeles. Una tentadora idea en días calurosos es ir a su poza natural entre rocas, ideal para refrescarse en un marco que sonará a muchos, pues aquí se rodaron la primera versión de *El planeta de los simios* y la serie *M*A*S*H.*

Imprescindible
Explorar otras rutas pintorescas que ofrece el parque.

Lago Joutolampi, Laponia, Finlandia

Flotar bajo el sol de medianoche

Espontaneidad, soledad, ensoñación

Med may-med ago

Un traje especial de flotación es cuanto se necesita para disfrutar de un baño perfecto al sol de medianoche en el lago Joutolampi, en la Laponia finlandesa (Sápmi). Experimentar este curioso fenómeno en el Círculo Polar Ártico cuando no siempre es fácil, pues el agua sigue estando fría y los mosquitos son un suplicio. Afortunadamente, todo es mucho más fácil con este traje de goma proporcionado por una empresa que organiza circuitos: basta tumbarse en medio del lago y relajarse bajo el claro cielo estrellado.

Laponia, la región más agreste y recóndita de Finlandia, ocupa un tercio del país y apenas alberga el 3% de su población. Aquí, en la gran tierra virgen del norte de Europa, aguardan las serenas aguas del lago Joutolampi, conocido entre los lugareños por la pesca en hielo y del que se podrá disfrutar prácticamente en exclusiva en verano (¡y a altas horas!).

Flotar sin más

El lago queda a una breve caminata por una senda que secciona un denso bosque desde la carretera. La tupida vegetación da paso a un claro en el que las translúcidas aguas del Joutolampi reflejan un perfecto panorama horizontal de árboles centenarios y poco después se atisban unas cabañas de madera. Safartica es una empresa local que organiza circuitos para nadar en esta parte del lago que, además de privacidad, ofrece suficientes infraestructuras (vestuarios, aseos...).

Dcha.: atardecer sobre una de las muchas masas de agua que caracterizan Laponia.

Abajo: los trajes aislantes permiten que los nadadores puedan bañarse a estas latitudes incluso en pleno invierno.

© Mark Read/Lonely Planet; Moshe Einhorn/Shutterstock; Ilkka Koivula/Shutterstock

Mi experiencia

Un par de malas experiencias cuando era niña han hecho que le tenga mucho respeto al agua. Así, cuando me escogieron para participar en un programa para promocionar el turismo en Rovaniemi nadando en el lago Joutolampi metida en un traje de flotación, me entró una risa nerviosa. Sin embargo, la surrealista experiencia flotando en el lago fue algo inolvidable. Me quedé dormida, por supuesto. La sensación de estar en medio del lago, mecida como un bebé bajo un manto de naturaleza, me hizo sentir un bienestar y una seguridad francamente inexplicables. Y no menos alucinante fue el ritual posterior: un guía de Safartica prendió una hoguera y puso agua a hervir en una tetera para preparar una infusión. Fue, en pocas palabras, algo auténtico, relajante y natural.
Barbara Woolsey

Izda.: taza kuksa tallada a mano por un artesano sami.

Pág. siguiente: un día de verano en la playa de Rovaniemi, la capital de Laponia.

Imprescindible

➙ **Quedarse frito en el agua.**

➙ **Beber zumo de arándanos en una 'kuksa' junto al fuego.**

➙ **Fallar irremediablemente tratando de regresar a la orilla con estilo.**

Poco después, uno se verá andando como un pato por una plataforma de madera metido en un traje de flotación, en plan Teletubby. Y con ayuda de los pasamanos de madera del muelle, se avanza hacia el agua para, luego, dejarse caer de espaldas, no sin alivio. Por más que flotar sin rumbo desoriente al principio, basta reconocer un poco el entorno para que resulte muy agradable. Bajo el cielo iluminado por el sol de medianoche, el agua se convierte en un colchón firme y suave. En noches como esta, la temperatura cae hasta los 10°C, aunque el traje mantiene el calor corporal.

Mecerse hasta dormir

No sería ninguna sorpresa quedarse dormido escuchando el arrullador gorjeo de los pájaros. La fragancia de los pinos induce a siestas pasajeras y los largos juncos de la orilla producen un suave cosquilleo en la nariz. Quienes permanezcan lúcidos oirán el sonido de los renos bebiendo agua entre los arbustos.

En Finlandia, la ley recoge el "derecho de acceso público", el cual implica que cualquier individuo pueda circular libremente por áreas naturales, nadar en cualquier lago (como este) y disfrutar plenamente de la naturaleza. Tras el baño, no hay como poner en práctica cualquier otra de las actividades al aire libre preferidas de los finlandeses: hacer una hoguera junto al lago, recolectar bayas o setas, o hasta plantar la tienda para hacer noche.

Decídete

Cómo llegar

El Joutolampi está en el municipio lapón de Rovaniemi, unos 22 km al norte de la ciudad homónima, cerca del lago Norvajärvi. No debe confundirse con el otro Joutolampi situado más al norte, cerca de Sodankylä. El lago es una magnífica excursión en la ruta Rovaniemi-Inari, otro popular destino.

Nivel de dificultad

Desgraciadamente, esta actividad no es para viajeros con problemas de movilidad, pues a pesar de que los trajes de flotación permiten flotar a cualquiera, primero hay que alcanzar el lago por la senda forestal y las plataformas de madera, que no están preparadas.

Más información

Los trajes de flotación se utilizan como parte de una experiencia que incluye traslados y merienda frente a una hoguera (aprox. 3 h, 90 €). El sol de medianoche se ve de mediados de mayo a mediados de agosto. En las zonas forestales no siempre hay aseos ni vestuarios a disposición de los visitantes (pregúntese antes). Más información en www.visitrovaniemi.fi y www.safartica.com.

Otras propuestas laponas

Lago Joutolampi (invierno)
Joutolampi ofrece una experiencia muy distinta en invierno. De septiembre a marzo, el sol de medianoche da paso a la danza interpretada por la aurora boreal sobre la superficie del lago. Contemplar este formidable espectáculo flotando de espaldas, cuando parte del lago está congelado, es mágico. Fuera hay unos -10°, pero los trajes, sumados a las hogueras, saunas e infusiones de arándanos, hacen que la vida sea más placentera.

Imprescindible
Nadar entre cascotes de hielo.

Playa de Rovaniemi
La playa de arena del río Kemijoki, a 10 min de paseo de Rovaniemi, es muy indicada para un rápido chapuzón con vistas de un puente. Pese a la corriente fluvial, la zona de nado es tranquila y está limpia. Que nadie se asuste si un reno vadea el curso del río. En verano también se puede acampar, con sauna y copas entre baños. En invierno, los más osados pueden seguir a los lugareños y ponerse a remojo a través de un agujero en el hielo.

Imprescindible
Atrincherarse en una sauna tras el remojón.

Dancing Ledge, Dorset, Inglaterra

Una poza mareal en la Costa Jurásica

Senderismo, observación de aves, historia literaria

Abr-sep

El avistamiento de nubes se ha convertido en un pasatiempo muy popular en los últimos años, lo que me lleva a pensar que ver olas también podría empezar a causar furor en cualquier momento. Consistente en hallar formas y patrones entre el espumoso oleaje, esta curiosa actividad parece pensada especialmente para Dancing Ledge, donde se puede disfrutar de la salvaje ferocidad del mar desde la absoluta seguridad que brinda una poza mareal junto al borde.

Adentrándose hacia el canal de la Mancha, la poza de Dorset se encuentra sobre una cornisa natural de roca plana. Existen dos teorías en torno al origen del nombre de Dancing Ledge (cornisa bailarina): hay quienes dicen que fue bautizada así por tener el tamaño de una pista de baile, mientras que otros sostienen que el nobre proviene del hecho de que haya agua 'danzando' a su alrededor. ¡Las olas aquí saltan de veras! Y lo curioso es que mientras los acantilados quedan a merced del oleaje, la poza sigue pareciendo una balsa de aceite.

Paseo entre naturaleza

A la poza se llega tras un paseo que cruza el South West Coast Path, todo un deleite con su abundancia de flores silvestres, mariposas y aves marinas. Con suerte se verá algún frailecillo de regreso a los acantilados donde anidan cada primavera. Antes de llegar al destino sobreviene una aventura más: el palpitante descenso final, capaz de acelerar el pulso a cualquiera antes de quitarse la ropa para bañarse.

Dcha.: la poza de Dancing Ledge se originó tras dinamitar la roca para construir una escuela.

Abajo: la poza está junto al South West Coast Path, que con sus 1000 km es la ruta de senderismo señalizada más larga de Inglaterra.

Mi experiencia

En el 2021 me propuse nadar en todas y cada una de las pozas mareales de la Gran Bretaña continental. Llegué a Dorset en primavera, cuando las flores silvestres y las niñas celestes (una mariposa) teñían de rosa, blanco y azul el campo. El descenso final exigía trepar y dar un pequeño salto hacia la plataforma rocosa, donde me esperaba una poza en forma de pastilla. El agua no estaba tan fría como imaginaba y, sin apenas dudarlo, me metí. Me agarré al borde, pasando los dedos sobre lapas y algas, algunas suaves, otras ásperas como la lengua de un gato. Las gaviotas gimoteaban sin cesar; y las olas, fieles a su nombre, danzaban y brincaban, haciéndome sentir en plena comunión con la naturaleza.

Freya Bromley

Dcha.: oteando el Atlántico desde la plataforma de la cantera.

Pág. siguiente: Walpole Bay, creada en 1937, es, según dicen, la mayor poza mareal del Reino Unido.

Un chapuzón con historia

No hay que olvidar la historia de Dancing Ledge mientras uno se baña en sus frías aguas. Tiempo atrás, de los acantilados que la rodean se extraía piedra Purbeck. La pronunciada caída del saliente hacia el mar posibilitaba que los barcos pudieran atracar aquí mismo para cargar. Por poner solo un ejemplo, la piedra de esta cantera se utilizó para construir el puerto de Ramsgate, en Kent.

Asimismo, los acantilados están tachonados de cuevas, lo que convertía este tramo de litoral en el escondite perfecto para contrabandistas de ginebra y brandi. Resulta curioso imaginarse a aquellos marineros y contrabandistas pululando por estos lares...

Emociones fuertes

Este inspirador enclave tal vez anime a más de uno a lanzarse a explorar la Costa Jurásica, por qué no, en kayak. Al no haber orilla, el litoral resulta extraordinariamente tranquilo. A los únicos que se verá será a grupos de aventureros equipados con cascos y salvavidas listos para saltar desde los acantilados de esta zona, ideal para la práctica de *coasteering*. Para la mayoría, no obstante, nadar en las gélidas aguas de Dancing Ledge será suficientemente emocionante.

Imprescindible

→ **Descubrir huellas de dinosaurio cerca de las canteras Keates Quarries.**

→ **Recolectar algas durante una aventura en kayak por la costa de Dorset.**

→ **Desafiar a la gravedad practicando 'coasteering' o escalando acantilados.**

Decídete

Cómo llegar

Dancing Ledge está en la Costa Jurásica de Dorset, en el extremo sur del país, a 10 min al volante de Swanage. Tras estacionar en el aparcamiento de Spyway del National Trust, en Langton Matravers, hay que caminar hasta la poza. Transporte público: en tren a la estación de Wareham, después el autobús nº 40 y seguir por el mismo sendero.

Nivel de dificultad

El acceso a la piscina se realiza por un sendero que discurre por lo alto de un acantilado, con un tramo final que exige trepar, con lo cual no es adecuado para personas con dificultades de movilidad y niños pequeños. Al no haber orilla se desaconseja nadar en el mar.

Más información

La poza es un espacio público que permanece abierto todo el año. No se cobra entrada, pero tampoco hay instalaciones ni socorristas. Es más seguro visitarla en compañía de alguien. La pleamar cubre Dancing Ledge, de ahí que haya que consultar el horario de las mareas. Dos webs recomendables son www.swanage.co.uk/dancing-ledge y www.foreadventure.co.uk.

Otras propuestas mareales

Tunnels Beaches

Al igual que Dancing Ledge, las pozas de Tunnels Beaches, en la localidad de Ilfracombe (Devonshire) nacieron de la dinamita. A ambas se llega por túneles excavados a mano por mineros galeses en 1820, por lo que además de fascinantes son históricos. Abiertas de abril a octubre, se cobra 3 £ por entrar e incluso se puede alquilar una tumbona para todo el día.

Imprescindible

Caminar hasta el puerto para ver la escultura de Damien Hirst *Verity*.

Walpole Bay

Situada en Margate, esta poza victoriana de 1,6 Ha (la más grande de Gran Bretaña) es perfecta para quienes gustan de nadar sin fuertes corrientes. Tras el chapuzón, lo indicado es visitar el Turner Contemporary y disfrutar de una tarde de arte. Para Año Nuevo los del lugar se citan en la playa para darse un chapuzón y tomar algo al calor de una hoguera.

Imprescindible

Recargar pilas con una ración de *fish and chips* frente a la playa.

Het Stenen Hoofd, Ámsterdam, Países Bajos

Huir del gentío en Ámsterdam en un muelle

Una sorpresa, alivio, ambiente juvenil

Jun-sep

Para descansar del barullo de Ámsterdam, basta con seguir la estela de los autóctonos y darse un relajante baño en el emplazamiento del histórico puerto de Het Stenen Hoofd (cabeza de piedra). Una vez saciados de museos y de pedalear por puentes sobre canales y adoquines, no hay nada más tonificante que desvestirse y lanzarse a la fresca agua de la bahía del IJ.

Pese a su proximidad de la estación central de trenes, este lugar para nadar es el sitio perfecto para disfrutar de la brisa y recuperar el aliento. Se recomienda ir a primera hora de la tarde para procurarse sitio junto al borde, donde hay más césped que tierra. Con el paso de las horas, el lugar recibe una bullanguera mezcla de veinteañeros y bañistas más maduros que no dudan en pasar un rato agradable.

¡Al agua, patos!

Aunque mucha gente se tira " a bomba", no hay desdoro en usar la escalerilla que baja al agua. De lo que se trata es de poder bañarse en sus limpias y plácidas aguas que, generalmente, se sitúan en unos agradables 16°C.

Alejarse a nado de la acción permite contemplar el perfil urbano entre contenedores de transporte. También se verá algún crucero, ferris yendo y viniendo de Amsterdam Noord y Centraal Station, barcos llenos de turistas... Y ahí está una, compartiendo el agua con todo eso. En días despejados, si se mira al este se observarán tesoros arquitectónicos de Noord, como la A'DAM Tower con su mirador o el reluciente EYE Film Institute, que recuerda a una pieza de papiroflexia.

Dcha.: el otrora olvidado puerto del IJ, en Amsterdam Noord, está en pleno auge.

Abajo: hay más de 160 canales en la capital neerlandesa, que en conjunto suman 100 km de vías navegables.

Mi experiencia

Un tórrido sábado encontré de casualidad el muelle de Het Stenen Hoofd. Me dedico a escribir guías de viajes, y tras una larga jornada documentándome para la nueva edición de Pocket Amsterdam de Lonely Planet, llegué a Westerdok con la intención de volver en autobús a Centraal. Sin embargo, me quedé estupefacta al ver una multitud gritando junto al agua y lanzándose al IJ en voltereta. Era algo que podría haber esperado en ciudades como Copenhague o Helsinki, pero no en el centro de Ámsterdam, con normas cada vez más restrictivas. Regresé con el bañador puesto y dispuesta a nadar. Entre semana el ambiente es mucho más tranquilo, impropio del ajetreado centro urbano. Conozco Ámsterdam y esta es una de sus caras más sorprendentes.
Barbara Woolsey

Izda.: la basílica de San Nicolás, en Centraal, es el principal templo católico de la ciudad.

Pág. siguiente: Sloterplas, el mayor parque de la capital, hace las delicias de los lugareños.

Imprescindible

→ **Tomarse una cerveza artesana en el chiringuito del Openlucht Atelier.**

→ **O asistir a una muestra de arte en el mismo sitio.**

→ **Sacar partido a la laxas leyes neerlandesas practicando el nudismo en público.**

Aguas con solera

Pero qué es y dónde se encuentra exactamente el muelle de Het Stenen. Pues bien, esos extraños bloques de hormigón achaparrados que sobresalen del agua son lo único que se conserva. Construido a principios del s. XX, el muelle de piedra se erigió para transportar mercancías a través del Real Servicio de Correos de las Indias Occidentales y la compañía Holland America Line. Sin embargo, como apenas desembarcaba en él un pequeño número de cargueros, terminaron utilizándolo los barcos turísticos. El muelle fue desmantelado en la década de 1970, y la modesta zona para bañarse que surgió se ha preservado, pese a los planes para reconvertir la zona, primero en un complejo residencial de lujo, luego en una cárcel y finalmente en un helipuerto.

Por ahora sigue tal cual. Entre baño y baño, algunos se empapan del animado ambiente con DJ, otros prefieren tomar el sol, e incluso hay quienes se montan un pícnic. Parte de la diversión es ver a los grupos de amigos chapoteando en el agua, tambaleándose sobre tablas de surf de remo o navegando en pequeños botes hinchables.

A medida que van asentándose los colores melocotón y crema del atardecer, el ambiente empieza a serenarse, volviéndose más meditativo. Las ondas en el agua amainan y el griterío es desbancado por felices suspiros de agotamiento.

Decídete

Cómo llegar

Het Stenen Hoofd queda a dos paradas de Centraal (la estación central de trenes) con el autobús n° 48 (Houthavens); hay que apearse en Barentszplein. En 20 min también se llega a pie desde el barrio de Jordaan.

Nivel de dificultad

Pese a su popularidad, no es un lugar habilitado oficialmente para nadar y, por lo tanto, no está supervisado ni mantenido. Es una opción particularmente indicada para nadadores adultos consumados, pues el agua depara sorpresas tales como bicicletas sumergidas (cada año se extraen a miles de los canales de la ciudad). La temperatura es más suave entre mayo y septiembre.

Más información

Aunque no cuenta con vestuarios, no hay inconveniente en cambiarse al aire libre. Hay aseos en el chiringuito.

Se recomienda dejar un donativo a la organización de voluntarios Stichting Het Stenen Hoofd, cuya labor va dirigida a preservar la zona histórica y, además, organiza eventos culturales como proyecciones de cine (www.stenenhoofd.nl).

Otras propuestas en Ámsterdam

Buitenzwembad Marineterrein
Siguiendo el IJ aparece otro lugar oficioso donde poder nadar en Ámsterdam, mejor equipado y más moderno que el Het Stenen Hoofd. En una pantalla se indica la temperatura y calidad del agua. Es posible zambullirse desde una pasarela flotante y nadar por calles que muestran lo más destacado del puerto: el NEMO Science Museum y la réplica del barco de la VOC, fondeado frente al Museo Marítimo Nacional.

Imprescindible
Tumbarse en la pasarela cual ballena encallada.

Sloterplas
Para un ambiente menos urbano cabe dirigirse a Nieuw-West y el extenso lago artificial Sloterplas, a 30 min en tranvía del centro. El circundante Sloterpark rebosa vegetación, incluidos jardines de tulipanes (florecen abr-may). Es un lugar muy propicio para ir en familia, con vestuarios, zona de juegos y pista de voleibol, además de gastronetas y merendero para reponer fuerzas entre baños.

Imprescindible
Darse un chapuzón entre baile y baile en el festival de música de Sloterpark.

Oceanía

Jellybean Pool, Blue Mountains, Australia

Baño de naturaleza en las afueras de Sídney

♡ Pícnics, castillos de arena, juegos en el agua

🕓 Días laborables oct-mar

La Jellybean Pool, en la Greater Blue Mountains World Heritage Area, a solo 1 h en coche del centro de Sídney, es uno de los mejores sitios para llevar a los niños en las largas y calurosas vacaciones estivales.

Como el agua puede estar fría durante todo el año, es buena idea entrar en calor con una caminata antes de lanzarse al agua, p. ej., la ruta circular a la Red Hands Cave (8 km). Esta zona es territorio ancestral de los pueblos darug y gundungurra, y la ruta lleva a una de las mejores grutas rupestres aborígenes de la región de Sídney.

Una vez ya se ha entrado en calor, se va a la poza de Jellybean. El acceso es por un corto pero empinado camino rural que sale del aparcamiento; es fácil cargar con colchonetas y cosas ricas para un pícnic, aunque al llegar a la poza todo se ve muy salvaje. El lugar, rodeado por acantilados de arenisca llenos de eucaliptos, es como una cámara secreta dentro del bosque, y aunque se alimenta de un río de agua dulce, la orilla arenosa le da aspecto de playa: de hecho, en el año 2022, Tourism Australia incluyó la poza en la lista de las mejores 20 playas australianas.

Hay mucha arena y mucha sombra, pero

Dcha.: la Jellybean Pool vista desde arriba, con las laderas totalmente cubiertas de eucaliptos autóctonos.

Abajo: la poza está rodeada de rocas de arenisca, típicas del Blue Mountains National Park

Mi experiencia

Llegué a Jellybean una mañana entre semana a finales de primavera –uno de los lujos de trabajar como autónoma– después de parar en Kickaboom a por un café y una tostada vegana con chips de raíz de loto para llevar. Había dos niños que jugaban en la arena con su abuelo; me fui hacia la izquierda, atraída por el sosegante sonido de una cascada tras los árboles, y me metí en el agua, fría y revitalizante. El cielo azul y las copas de los árboles bajo el sol se reflejaban en la tranquila superficie de la poza. Estuve flotando un rato y cuando apareció un grupo de gente con toallas decidí que era hora de volver al trabajo. Una hora después estaba sentada en mi escritorio en la ciudad, pero todavía tenía el pelo húmedo y perfumado por el bosque.
Monique Choy

Izda.: el arte rupestre de la Red Hands Cave tiene entre 500 y 1600 años de historia.

Pág. siguiente: el paisajístico Kuring-gai Chase National Park está a solo 26 km del centro de Sídney.

Imprescindible

→ **Escuchar el canto oxidado de la cacatúa 'gang-gang'.**

→ **Pedir un café de comercio justo en el Kickaboom, Glenbrook.**

→ **Fotografiar la curva de la poza desde lo alto del acantilado**

también mucha gente, sobre todo los días festivos y los fines de semana de pleno verano. Un día laborable o cualquiera de invierno son mejor opción para disponer del lugar casi a solas. Otras propuestas menos concurridas son la vecina Blue Pool y la garganta de Glenbrook, menos populares, aunque no de tan fácil acceso para los niños.

Arenisca asombrosa

Una de las singularidades del entorno de Sídney son los peñascos, crestas y escarpaduras de arenisca que forman los 'huesos' del monte. Se alzan entre los árboles y tienen formas esculturales gracias a la acción del viento y la lluvia. En la Jellybean Pool los acantilados rodean la poza como si de un anfiteatro natural se tratara. No hay nada como flotar (mejor si es sobre una colchoneta) en sus aguas cristalinas y admirar el cielo azul cercado por la vegetación gris verdosa.

Río arriba hay más pozas tranquilas donde también es sencillo encontrar una roca de arenisca para tumbarse al sol. El agua tiene un color parduzco en los bajíos y se oscurece en las partes más profundas. En algunos árboles se ven xantorroeóideas, que crecen entre los troncos retorcidos de los eucaliptos. Sus hojas son como agujas de un verde brillante y tierno, pero pueden tener hasta 300 años. Las cacatúas y las urracas rondan por los árboles y con un poco de suerte quizá se vea algún martín pescador al acecho.

Decídete

Cómo llegar

El acceso es por el aparcamiento de Glenbrook, junto al Blue Mountains National Park, 60 km al oeste de Sídney. El camino es bastante empinado, pero solo son 500 m. Los días más concurridos se amplía el aparcamiento, aunque también se puede tomar el tren a Glenbrook y andar 2 km.

Nivel de dificultad

Si bien es muy popular entre los niños, hay partes muy hondas y la corriente puede ser fuerte, así que hay que estar pendiente de ellos todo el tiempo. Mucha gente salta al agua desde los acantilados, pero no es seguro hacerlo, pues hay rocas sumergidas y se han producido accidentes fatales.

Más información

Los vehículos pagan la tarifa del parque nacional, pero también se puede estacionar en el aparcamiento junto a la puerta, que abre a diario de octubre a marzo. En la poza no hay aseos ni otras instalaciones. Consúltese www.nationalparks.nsw.gov.au.

Otras propuestas cerca de Sídney

Karloo Pool
La enorme oferta de sitios donde nadar en plena naturaleza cerca de Sídney se estima en unos ochenta, pero la Karloo Pool es especial: una poza grande y cristalina rodeada de rocas planas. Está en el espeso bosque del Royal National Park en territorio dharawal, al sur de Sídney, accesible por un bonito paseo de 5 km desde la estación de trenes de Heathcote.

Imprescindible
Tomar el sol en las rocas después de nadar.

Bahía de Jerusalem
Este apacible lugar, en el arroyo Cowan, dentro del Ku-ring-gai Chase National Park, solo es accesible a pie o en barco. Se puede andar desde la estación de trenes de Cowan, al norte de Sídney, por un bonito tramo del Great North Walk a Newcastle (250 km). Un salto de roca de 9 m se extiende sobre la ensenada, y en los alrededores hay grabados en piedra de los propietarios tradicionales del territorio, los guringai.

Imprescindible
El bosque tropical templado del sendero al arroyo Cowan.

Flotar en un anfiteatro de granito

Soledad, grandes cielos, bosques

Dic y ene

El lago Williams acapara toda la atención. A primera vista su quietud es contagiosa, invita a dar un paseo lento y contemplativo por la orilla. A medida que la sombreada pista de acceso se abre al lago, el aire huele y sabe de otra manera.

Quietud no significa silencio: si se presta atención se escucha el sutil vaivén de las aves acuáticas en la superficie del agua, las rapaces en el cielo y los pájaros en el bosque, además de la brisa entre la tierra, el agua y la roca.

El tacto del granito liso y la suave arena de la orilla es una bendición para los pies, y así ha sido durante generaciones: el pueblo minang es el propietario ancestral de este territorio y en la cercana Lights Beach se han hallado restos de sus antiguas herramientas de piedra. Es fácil imaginar este paraje como lugar donde instalarse, cazar y reunirse. No fue hasta la década de 1830 que William Bay y el lago pasaron a llamarse así por el explorador británico del Ártico William Edward Parry.

Nadar en seda

Los primeros pasos en el lago son tonificantes. El agua –gélida en invierno, fría en verano– se filtra por el suelo de los prados y las raíces de eucaliptos karri, marris, pinos australianos y árboles menta. Según las lluvias estacionales, el agua fluye, gotea o se filtra en el lago como seda de color caramelo, y suavizada por los taninos vegetales que reúne por el camino, acaricia la piel.

En el agua la visibilidad es nula, lo cual resulta desconcertante y misterioso. Abrirse paso en las zonas poco profundas hacia el centro de la poza es una

Dcha.: los árboles se reflejan en las aguas serenas del lago Williams.

Abajo: el lago queda cerca de la Bibbulmun Track, la ruta que va al interior desde Lights Beach.

© Nic Duncan/www.nicduncan.com

Mi experiencia

Es junio, un bonito día a mitad de semana al comienzo del invierno australiano: hace calor al sol pero a la sombra se está bien, y el viento es fresco. Nadar no entra en mis planes de camino al lago Williams con un termo de té y un sándwich en la mochila. No me cruzo con nadie por el sendero de acceso. Me siento en un peñasco granítico y contemplo serena el lugar. El agua parece de cristal, la brisa amaina y, sin dudarlo ni un segundo, me desvisto y salgo corriendo hacia el agua como una niña. Me lanzo y emerjo sin aliento y radiante. Es como un bautismo refrescante, reparador, tonificante. Tumbada en la roca, secándome al sol, no imagino un lugar mejor donde estar ahora mismo.
Virginia Jealous

experiencia táctil. Se siente el limo pegajoso y, de vez en cuando, hay que sortear una rama o una roca bajo el agua.

A medida que se gana profundidad y ligereza, parece que el lago no tiene fondo. Si entra vértigo, hay que hacerse el muerto, con las extremidades extendidas y los ojos abiertos, contemplando la paleta de colores circundante: el azul del cielo, el verde del bosque y el marrón anaranjado del granito.

El entorno

De vuelta a tierra firme, es buena idea recostarse sobre el granito y contemplar el lugar. En pozas y charcos, sobre todo en primavera, abundan las ranas y los renacuajos. Dos anfibios inconfundibles al oído son la rana motocicleta y su "prima" con nombre onomatopéyico, la rana pobblebonk. Un sonido rasposo de garras de reptil revela la presencia del *Egernia kingii*, el lagarto negro que puede alcanzar el tamaño de un antebrazo humano, que sale de las rocas a tomar el sol.

Las alas translúcidas de las libélulas descienden hasta el agua. Montoncitos de excrementos cuadrados con restos de hierba, entre las rocas y a lo largo del límite del bosque, indican que el canguro gris occidental acude aquí a abrevar al alba y al anochecer. Es raro estar del todo solo en el *bush* australiano.

Dcha.: a veces se ven canguros en las orillas y bosques de Australia Occidental.

Pág. siguiente: las refrescantes cascadas Fortescue, en el tropical Karijini National Park

Imprescindible

→ Buscar agujeros 'gnamma', cavidades en el granito que almacenan agua de lluvia.

→ Mirar al cielo en busca de águilas.

→ Tumbarse en el granito calentado por el sol después de nadar.

Decídete

Cómo llegar

No hay transporte público al lago Williams (que no hay que confundir con el lago William del vecino West Cape Howe). Se conduce hasta Lights Beach, a 13 km de Denmark, y desde el aparcamiento hay que andar o pedalear 1,5 km más hasta el lago. Los senderistas de la Bibbulmun Track también pasan por el lago.

Nivel de dificultad

Para llegar al lago Williams hay que andar 200 m por rocas lisas desde la pista de acceso. Es un lago cercado de forma natural, con una entrada llana y fácil al agua, y aunque puede hacer viento, no hay corrientes ni mareas. La temperatura media del agua es de 16°C.

Más información

La entrada al lago es gratis y está abierto todo el año. No hay instalaciones; los aseos y vestuarios más cercanos están en Lights Beach, y los cafés y tiendas, en Denmark. Para más información, visítese www.denmarkchamber.com.au/discover-denmark.

Otras propuestas en Australia Occidental

Karijini National Park
En Karijini, en el tropical noroeste de Australia Occidental, las cascadas Fortescue y la vecina Fern Pool son dos clásicos para nadar en la garganta de Dales, al este del parque. Tras las lluvias, las cascadas caen espectacularmente a las turquesas aguas de la poza, rodeada de rocas de color rojo hierro y helechos de un verde vivísimo. Una maravilla para nadar o refrescarse tras la empinada caminata.

Imprescindible
Las cosquillas que sentirás cuando los pececillos mordisqueen tus pies en Fern Pool.

Little Beach
Arena blanca suave y un mar cerúleo son el paisaje perfecto para un chapuzón estival en el océano Austral en la Two Peoples Bay Nature Reserve. Si se trepa por el risco rocoso central de la playa se accede a una bahía más pequeña y recóndita. La Little Beach ofrece un entorno pretérito habitado por fauna amenazada (el potoro de Gilbert y el matorralero bullicioso incl.).

Imprescindible
Avistar ballenas de invierno en la bahía.

Cavarse un 'spa' en la arena

Geotermia, observación de aves, privacidad

Todo el año con la bajamar

Desde el primer instante en el que se pone un pie en la Whale island/Moutohorā, en la zona de la Bay of Plenty, una se pregunta si ha viajado en el tiempo a otro lugar.

La isla resuena con el canto de los pájaros en las copas de los árboles, algo tristemente poco común en gran parte del país ya. Los *tūī* adornan el aire con sus sonidos típicos y las campaneras se llaman desde las ramas más altas. Los lobos marinos se lanzan al mar desde las rocas y en las orillas rocosas los árboles *pōhutukawa* abren sus flores rojas, señal de que ha llegado el verano.

Las especies raras son el principal atractivo de la isla, pero Moutohorā es también uno de los lugares más singulares del país para nadar: aquí es posible cavarse una poza termal propia en medio de la arena.

Paraíso protegido

Moutohorā, antaño un complejo sistema de volcanes, es hoy un enclave protegido de especies autóctonas, pero no siempre ha sido así. En los últimos 200 años esta pequeña isla de la costa de Whakatāne albergó una estación ballenera, una mina de azufre y una cantera. Además de despojar el territorio de sus recursos naturales, la mano humana lo devastó con la introducción de cabras, ratas, gatos y conejos.

En la década de 1960 se empezó a tomar en serio la conservación de Moutohorā, primero con la reforestación de árboles autóctonos, seguida de la rigurosa erradicación de mamíferos invasivos. Hoy es un santuario libre de depredadores en el que viven y se reproducen varias especies amenazadas como el *tīeke* (tieke de Isla Norte), el *kākāriki* (perico maorí cabecirrojo)

Dcha.: la estatua *Lady of the Rock,* con la isla de Moutohorā al otro lado de la bahía.

Abajo: una de las muchas playas de arena con vistas al Pacífico de la Bay of Plenty.

© Kim Howell/Shutterstock; Photos BrianScantlebury/Shutterstock

Mi experiencia

Sabía que me iba de aventura a una isla, pero me sorprendió el cacheo completo antes de subir al barco. Comprobar que los visitantes no llevan nada que pueda perjudicar un entorno ecológicamente tan sensible es solo una de las medidas aplicadas para proteger a las especies raras de aves, como el kiwi, que viven en Moutohorā. Aunque es improbable toparse con un kiwi de día, su presencia es muy real, como aprendí al ver al guía seguirlos con una antena direccional. Después fui a la bahía de Onepū. Los visitantes anteriores ya habían hecho el trabajo duro, cavar un hoyo, que estaba lleno de agua caliente que subía desde la arena. Lo único que tuve que hacer fue meterme en él, contemplar el océano y preguntarme si los kiwis vienen a esta playa a hacer lo mismo que yo, pero de noche.

Jessica Wynne Lockhart

Izda.: un característico lobo marino de Nueva Zelanda (*kekeno*, en maorí), especie protegida.

Pág. siguiente: New la icónica Cathedral Cove neozelandesa, cerca de la Hot Water Beach, en la Isla Norte.

Imprescindible

→ Visitar la colonia de lobos marinos de la isla.

→ Buscar huellas de kiwi en la arena.

→ Hallar restos arqueológicos de un pā (fuerte) maorí.

y el tuátara, un antiguo reptil que coexistió con los dinosaurios.

En la costa norte de la isla vive una colonia de petreles carigrises, que se lanzan en picado a sus madrigueras en los acantilados. Y los penachos de la vecina White Island/Whakaari (un volcán marino activo) se alzan a lo lejos, un recordatorio de las volátiles entrañas de la región, responsables de las aguas geotermales de Moutohorā.

Una maravilla geotérmica

Moutohorā no es el único lugar de Aotearoa/Nueva Zelanda con playas termales, pero sí uno de los más exclusivos. Al ser una isla protegida, solo se admiten 24 visitantes por día, y en circuito guiado.

Después de observar aves se pasa por las pozas hirvientes donde antaño los maoríes cocinaban *tītī* (pardelas negras). El vapor sube entre las rocas blancas y amarillas, y el olor a azufre permea el aire. Al llegar a la Sulphur Bay/Onepū se divisa la suave cresta de arena blanca bajo la cual burbujean las aguas termales hasta la superficie cuando hay bajamar.

A partir de aquí solo se necesita una pala y algo de decisión. La recompensa por el arduo trabajo es un *spa* a medida en la arena en el que tumbarse a contemplar las olas que acarician la orilla. El agua está mucho más caliente de lo que se espera, pero no hay problema, porque a dos pasos aguarda el refrescante océano.

Decídete

Cómo llegar
Localizada a 9 km de la costa, la isla de Moutohorā está a 15 min en barco desde Whakatāne, en la zona de la Bay of Plenty. Al ser una isla protegida, las visitas están estrictamente reguladas y solo un puñado de operadores tiene permiso para desembarcar en ella

Nivel de dificultad
Para disfrutar a fondo de las aguas termales hay que estar dispuesto a cavar, y la arena está húmeda y pesa. Si no hay ánimo para empuñar una pala o simplemente no se puede, se debe pedir ayuda a alguno de los guías.

Más información
Un circuito guiado de 4 h con White Island Tours cuesta 129/59 NZ$ (adultos/menores de 15 años), consúltese www.moutohora.co.nz. Son circuitos en grupos reducidos, que hay que reservar. En la isla no hay aseos ni vestuarios.

Otras propuestas termales neozelandesas

Hot Water Beach
Esa famosa playa está a 3½ h al volante al norte de Whakatāne en la península de Coromandel. Los manantiales termales volcánicos calientan el agua a 64°C, y con bajamar los visitantes pueden cavar su propio *spa* en la arena blanca. Pero la fama tiene un precio (el gentío), si bien justificado, pues se trata de una de las experiencias imprescindibles de Aotearoa.

Imprescindible
Los espectaculares arcos calizos de la vecina Cathedral Cove.

Ocean Beach
Quien quiera evitar el gentío puede ir a Kawhia. A 1 h en coche hacia el suroeste de Hamilton, en la costa oeste de la Isla Norte, este pequeño pueblo de pescadores cuenta con su propia playa geotermal de arena oscura. Es uno de los secretos mejor guardados del país, y quizá no haya nadie más.

Imprescindible
Ver ponerse el sol desde el *spa* personal, si la bajamar coincide con el atardecer.

Green Patch Beach, bahía de Jervis, Australia

Nadar entre fauna en un parque de propiedad indígena

Especies autóctonas, cultura de los pueblos primitivos, paseos por el *bush*

Feb y mar

No hay muchos lugares donde nadar en presencia de animales que no están en ninguna otra parte del mundo, pero la Green Patch Beach, en el Booderee National Park, de propiedad aborigen, es uno de ellos. Apenas da tiempo a mojarse los pies cuando se avistan canguros, ualabíes, loros y rosellas en libertad.

Flora y fauna raras

La variedad de hábitats, desde bosques de caoba del sur hasta praderas marinas, es la razón de la gran biodiversidad de Booderee, con más de 460 plantas autóctonas, más de 200 especies de aves y al menos 30 mamíferos endémicos.

Los aficionados a las aves podrían avistar al picocerdas oriental, un pájaro amenazado en todo el país, pero que vive en esta isla gracias al esfuerzo por reintroducir algunas de las especies endémicas más amenazadas de Australia. Otra es el canguro rata de hocico largo; es difícil ver a este tímido pariente nocturno del canguro, pero las posibilidades aumentan si se acampa en el Green Patch para dormir.

Nadar en mares cristalinos

El paseo hasta la playa por un bosque de *blackbuts* (un eucalipto) tiene como banda sonora la bella cacofonía de las rosellas, los lori arcoíris y los papagayos australianos, pero esta se disipa al cruzar el puente de madera hacia la playa. Entonces solo se oye la suave caricia del mar sobre la arena y los gritos de la chavalería. El perfume de la brisa marina y el olor a barbacoa se disputan la atención olfativa de los presentes.

Desde aquí se ve toda la bahía de Jervis, los acantilados de Point Perpendicular y la isla de Bowen.

Dcha.: una zarigüeya australiana, uno de los muchos marsupiales autóctonos que viven en Booderee.

Abajo: entre las rocas de la Green Patch Beach hay pulpos y calamares.

Mi experiencia

Al visitar Australia tras una larga ausencia, Green Patch me recordó la inconmensurable riqueza medioambiental de este gran país. Sentada en un claro, era surreal ver canguros grises orientales ajenos a mi presencia, loris arcoíris chillones revoloteando a mi alrededor y un cocaburra curioso que vigilaba a un grupo de escolares. Me rebauticé en el océano, compartiendo sus aguas con delfines mulares. Y una sorpresa final me aguardaba al partir: un equidna hurgando entre las hojas.
Helen Iatrou

La bahía protege la playa del oleaje como un abrazo reconfortante. No hay más que hundir los pies en la brillante y suave arena blanca y sumergirse en las aguas de color aguamarina calentadas por el sol. La corriente de Australia Oriental, que transporta agua templada del mar del Coral, se mezcla con el agua del estrecho de Bass, más fría, y el resultado es una claridad cristalina. Nadar aquí es una experiencia totalmente reparadora. Es como haber encontrado uno de los últimos grandes parajes naturales de Australia; parece mentira que esté tan cerca de la ciudad.

Dcha.: la bahía de Jervis (vista aquí con la Isla de Bowen) es un buen sitio para avistar ballenas.

Pág. siguiente: las cristalinas aguas de la playa de Murray, en Booderee, ideales para el esnórquel.

Los primeros pueblos

Lo que de verdad hace de Green Patch un lugar especial es que Booderee está en manos de sus propietarios ancestrales. En 1995 el parque fue transferido al Consejo de la Comunidad Aborigen de Wreck Bay, que lo gestiona junto a Parks Australia. El pueblo yuin, que vive aquí desde hace milenios, la llamó Booderee, que en dhurga significa "bahía de la abundancia".

Hoy en día los ancianos siguen transmitiendo conocimientos en el aula de la naturaleza para mantener su vínculo espiritual con la tierra y el agua. Al bañarse en este paraje glorioso es de recibo dedicar un momento a presentar respetos a los primeros pueblos de Australia, los *saltwater* del pasado, el presente y el futuro.

Imprescindible

→ **El faro del cabo St George, desde donde en junio y julio se pueden ver ballenas.**

→ **El único jardín botánico de Australia que es de propiedad aborigen, dentro de Booderee.**

→ **Acampar y pasar la noche junto a la fauna.**

Decídete

Cómo llegar

Green Patch está unas 3 h al volante al sur de Sídney. Hay servicios lanzadera entre Sídney y la bahía de Jervis, desde donde hay taxis. Y trenes entre Sídney y Bomaderry, para seguir en autobús a Huskisson y Vincentia, a un breve trayecto en taxi.

Nivel de dificultad

Sus aguas tranquilas y poco profundas hacen de Green Patch un sitio ideal para familias, pero no hay que perder de vista a los niños, ya que no hay salvavidas. Siempre hay que nadar acompañado. Otro buen motivo es la presencia de tiburones; aunque no se han registrado ataques, conviene evitar ir a nadar entre el anochecer y el alba, cuando tiburones y rayas salen a cazar.

Más información

Para entrar en Booderee se requiere un pase del parque de 48 h como mínimo, que puede adquirirse en línea o en la entrada del parque. Hay que llevar comida y abundante agua. Hay barbacoas. Entre noviembre y abril, conviene reservar plaza con tiempo en el *camping* de la playa, muy bien equipado. Visítese www.parksaustralia.gov.au/booderee.

Otras propuestas en Booderee

Playa de Murray
La ruta circular Munyunga Waraga Dhugan (5,4 km) lleva a la playa de Murray, tan bonita como Green Patch pero con menos visitantes. El bosque bordea una estrecha franja de arena bañada por aguas cerúleas. Al amanecer hay bonistas vistas de la isla de Bowen, una reserva de aves marinas con una pequeña colonia de pingüinos (3500 parejas aprox.), que brilla a esta hora.

Imprescindible
Seguir la ruta hasta el mirador de Governor Head.

Cave Beach
Al sur, la Cave Beach es un buen enclave de surf gracias a su suave oleaje, aunque no es una playa vigilada. Una escalera de madera cruza las dunas hasta la playa. A los niños les encanta explorar cavernas y avistar delfines. También se ven calamones comunes, garcetas y patos en Ryans Swamp, y la playa de Bherwherre es ideal para dar un paseo romántico.

Imprescindible
Acampar entre árboles del té costeros y canguros, con barbacoa de cena.

Un chapuzón demencial en el 'Continente Blanco'

Belleza polar, aguas gélidas, fauna

Nov-mar

La Antártida hay que ganársela. Una expedición a este confín del mundo es un viaje único en la vida en el que resuenan las epopeyas de los primeros exploradores atrapados en el hielo. Ningún documental prepara al viajero para el frío que cala los huesos y las tormentas y mareos del temible pasaje de Drake, que se hace en dos días, donde dos océanos colisionan en uno de los enclaves con aguas más bravas del planeta.

Pero la recompensa está ahí: una mañana, el barco ha dejado de zozobrar. Se sube a cubierta parpadeando ante una luz deslumbrante y se ven las oscuras montañas cubiertas de glaciares que se alzan como aletas de tiburón sobre las tranquilas y penetrantes aguas azules del "Continente Blanco". Es como ver el mundo en tecnicolor por primera vez, como cuando Dorothy llegó a Oz.

Fuego y hielo

Lo más probable es llegar a las islas de la Buena Nueva (Shetland del Sur), donde campan pingüinos, nadan ballenas, y leones marinos y focas leopardo flotan sobre icebergs que pasan a un palmo del barco. El agua es de un azul impresionante. Azul antártico, ese azul que solo se da cuando el agua está casi congelada. Es una imagen sublime, pero ¿quién va a nadar aquí? ¿Estamos locos? Un momento. Quizá alguien se atreva. Y quien lo haga

Dcha.: una foca de Weddell en la isla Decepción; la especie lleva el nombre de un capitán británico.

Abajo: un barco de expedición en el puerto seguro de la isla Decepción, en las islas de la Buena Nueva.

© Alexey Seafarer/Shutterstock; evenfh/Shutterstock; Paul Souders/Getty Images

Mi experiencia

Envuelta en mi traje de expedición, miré con recelo la caldera inundada: un anillo de agua de un azul brillante y surreal, con picos nevados como telón de fondo. El grupo de bañistas polares al que me había unido se acercaba a la orilla, decidido. Lanzaban la ropa térmica, sin cuidado, sobre la arena oscura, dispersando a los leones marinos. Todo el mundo estaba eufórico. En un instante de locura, decidí unirme a ellos: me quedé en bikini y, temblando como un tren de mercancías, me lancé al mar. Un espasmo me recorrió todo el cuerpo. El cerebro se me congeló. Se me erizó la piel. Todo se contrajo. Grité y chillé junto a mis compañeros de zambullida: ahora sabíamos que compartiríamos este momento para siempre.
Kerry Walker

Izda.: los pingüinos juanito, patosos en tierra pero elegantes y gráciles en el agua.

Pág. siguiente: en Svalbard hay unos 3000 osos polares y menos de 2000 personas.

Imprescindible

→ **Que alguien grabe el momento desde la orilla.**

→ **Ver pingüinos barbijo en la vecina isla Media Luna.**

→ **Entrar en calor después en el 'jacuzzi' de la cubierta.**

debería optar por la zambullida polar o *polar plunge* en la isla Decepción.

La *polar plunge* es un rito de iniciación antártico que suele reservarse para el último día del viaje y se recuerda para siempre. A veces es posible zambullirse desde el barco, pero lo mejor es nadar en la caldera de un volcán activo, donde el agua está un par de grados menos fría. A bordo de una zódiac se va a la caleta Balleneros, en la isla Decepción, una playa cenicienta bordeada por escarpados picos nevados. Se ven los restos de una vieja estación ballenera, mutilados por el tiempo y los elementos; y ahora focas leopardo rondan por los depósitos de combustible oxidados, se pelean en el agua, y ladran y persiguen a todo aquel que infrinja sus normas de distanciamiento social.

Un frío glacial

Llegados a este punto lo normal es echarse atrás. Todos los sentidos nos advierten del frío. El agua está helada, a 2°C, pero esta es una oportunidad única de verdad. En un arrebato de locura, nos quedamos en bañador y sentimos cómo la adrenalina se nos dispara a medida que nos acercamos al mar. Más que nadar, es una carrera frenética, agitarse y chapotear. Pero hay que aguantar. Quedarse en el agua un breve instante, abrazando la frialdad del océano y la delirante belleza que nos envuelve mientras la Antártida se nos mete en la piel... antes de hacer caso al instinto y salir pitando de ahí.

Decídete

Cómo llegar

La isla Decepción, en las islas de la Buena Nueva, es un sitio popular para la *polar plunge* (el volcán ayuda a mantener el agua justo por encima de la temperatura de congelación). La única forma de llegar es en barco de expedición y zódiac.

Nivel de dificultad

Si no se padecen problemas cardíacos ni de movilidad, y se es capaz de soportar el frío unos breves instantes, la *polar plunge* es factible. No hace falta ser un nadador excepcional, ya que la zambullida solo es posible si el tiempo acompaña, y habrá un líder de expedición que se encarga de que todo fluya.

Más información

La *polar plunge* suele programarse durante el viaje. Casi todas las expediciones a la Antártida zarpan de Ushuaia, el punto más meridional de Argentina. Salen con el deshielo, de noviembre a marzo. Una opción es ir con One Ocean Expeditions (www.oneoceanexpeditions.com). Más información en www.discoveringantarctica.org.uk and www.iaato.org.

Otras propuestas polares

Nunavut, Canadá
Con tanto hielo, fiordos relucientes y un despliegue de fauna digno de un documental de David Attenborough, el Alto Ártico canadiense es inmenso y maravilloso. Un crucero de expedición alternativo a Nunavut, poblado inuit, revela la colosal fuerza de la naturaleza. Dados el tiempo extremo y el gélido mar, un chapuzón polar aquí es una locura, pero los más intrépidos pueden intentarlo.

Imprescindible
La oportunidad de ver osos polares nadando entre bahías.

Svalbard, Noruega
El salto al océano Ártico es aquí más extremo, ya que se hace desde el barco. Hay que ponerse el arnés, no dejar de moverse en la cola para mantener el calor, y respirar hondo para recorrer la pasarela. Al saltar, de bomba o como un palillo, el frío golpea. De vuelta a cubierta esperan un albornoz calentito, los vítores, un vodka y una buena ducha caliente.

Imprescindible
La fenomenal fauna de Svalbard (ballenas, osos polares y morsas incl.).

Envalentonarse en la remota Gibb River Road

Naturaleza, fauna, *outback* australiano

May-oct

Este es un viaje para apartarse de las rutas más trilladas y salir en busca de la auténtica naturaleza acuática. La Gibb River Road es una de las mejores aventuras en todoterreno que ofrece Australia. Va de Derby, al oeste, a Kununurra, al este (dos bonitas y remotas localidades), y pasa por el salvaje extremo noroeste del continente. Es el interior más remoto, apenas poblado y con un calor sofocante: el *outback* australiano. Por suerte, a lo largo de los 660 km de carretera hay muchos sitios espectaculares para nadar.

Antigua cultura ribereña
Uno de las mejores zonas es Dalmanyi (Bell Gorge). Está en la tierra de los ngarinyin, en el Wunaamin Conservation Park. Los aborígenes han conservado y cuidado de este territorio durante al menos 60 000 años, y hoy en día las comunidades de las Primeras Naciones forman la mitad de la población de Kimberley. Ríos y estanques como Dalmanyi son lugares importantes para reunirse en familia, pescar y recolectar comida, y también son escenarios de ceremonias y leyes. El arte rupestre suele acompañar a los ríos, muchos de los cuales albergan también espíritus ancestrales.

Elegir poza
Dalmanyi empieza a descubrirse tras el paseo desde el

Dcha.: la cascada de Dalmanyi (Bell Gorge) queda flanqueada por acantilados de arenisca estratificada.

Abajo: Dalmanyi, cerca de la Gibb River Road, está a más de 160 km del pueblo más cercano.

Mi experiencia

La primera vez que vi el desfiladero me quedé muda, pero lo que se me quedó grabado en la memoria fue la fauna del lugar. Bajamos a las cascadas y seguimos la corriente río abajo hasta las pozas inferiores. Allí, en silencio, vimos ualabíes, expertos en saltar por el territorio empinado, y varanos y geckos tomando el sol en las rocas. De vuelta arriba, divisamos una serpiente amarilla nadando bajo el sol en la poza: mantenía su posición contra la corriente, toda ella era músculo y belleza salvaje.

Monique Choy

Dcha.: Kimberley posee una flora muy diversa, de flores silvestres a palmeras.

Pág. siguiente: las Zebedee Springs se hallan en un bosque de livistonas y pandanos.

aparcamiento por el lecho seco y rocoso del arroyo. Al río se llega de repente. El terreno se abre hacia formaciones rocosas rojizas bajo un gran cielo azul, surcado por las frías aguas del arroyo Bell. El río, con las orillas de roca llana, suave y a veces resbaladiza, se expande en pozas poco hondas antes de precipitarse 150 m en una más profunda a la sombra de las empinadas paredes del desfiladero. La vista desde arriba siguiendo el río y su escarpado curso es espectacular, pero en este momento apetece más saltar que admirarlo.

Para llegar al estanque, donde la cascada ha cavado una poza ancha y profunda, primero hay que vadear el río y bajar por una pendiente pronunciada. Allí, entre los acantilados del desfiladero, entre las rocas rojas que rodean el estanque por todos los lados, una se siente del tamaño de una piedrecita.

Si apetece hacer ejercicio del bueno, se puede nadar hacia la cascada. Desde allí es posible seguir corriente abajo, por aguas profundas y trepando por rocas hasta pozas más bajas, donde hay menos gente y más animales; solo que a la vuelta habrá que bracear contracorriente.

Si eso no suena divertido, se puede ir río arriba y buscar una de las pozas naturales de roca para darse un baño. O hacerse sitio en una de las plataformas rocosas para tumbarse a la sombra o a tomar el sol.

Imprescindible

→ **Asistir al atardecer, cuando los muros del desfiladero se vuelven granates.**

→ **Tumbarse en una roca lisa bajo el sol.**

→ **Avistar algunas de las 141 especies de aves del lugar.**

Decídete

Cómo llegar
El inicio del camino a Dalmanyi está a 40 km de la Gibb River Road –solo accesible en todoterreno– en Australia Occidental, desde donde hay un paseo de 2 km ida y vuelta. Se pueden alquilar todoterrenos en Broome; una ruta circular buena de tres días desde Broome incluye Dalmanyi, la garganta de Windjana y el arroyo Tunnel (250 km al oeste).

Nivel de dificultad
Las rocas de la zona de las cascadas son muy resbaladizas, hay que prestar atención a dónde se pisa e ir con calma. Esta zona es muy remota y con pocos servicios, por lo que hay que ir bien preparado: agua en abundancia, protección solar y buen calzado con agarre. No hay cobertura de móvil.

Más información
Dalmanyi abre de mayo a octubre (estación seca). Hay que pagar la entrada del Wunaamin Conservation Park y no se permite entrar con perros. Tiene una letrina en el aparcamiento. Más información en www.exploreparks.dbca.wa.gov.au/park/wunaamin-conservation-park.

Otras propuestas en Kimberley

Garganta de Manning
Para llegar al desfiladero, al que se accede desde el clásico bar de carretera en Mt Barnett, primero hay que cruzar a nado el arroyo Manning (o en la batea), seguido de una caminata de 3 km cuesta arriba y sin sombra por la cordillera. Pero al llegar, el agua que cae sobre las rocas lisas promete un escalonado y profundo masaje.

Imprescindible
Tomar el sol en una de las bonitas plataformas de roca.

Zebedee Springs
Este manantial termal, parte de El Questro Wilderness Park, está en un desfiladero sombreado por livistonas. Es popular, pero las pozas quedan repartidas entre la vegetación como *jacuzzis* privados olvidados en el tiempo. Se cuenta que Nicole Kidman los llamó "los manantiales de la fertilidad" cuando concibió a su hija tras bañarse aquí mientras rodaba una película en Australia.

Imprescindible
Bañarse en una poza termal para dos bajo las palmeras.

Lago Taupō, Isla Norte, Nueva Zelanda

Un lago de cráter con vistas a montañas nevadas

Agua fría, arenas geotermales, vistas alpinas.

Dic-feb

El lago Taupō es tan grande que los lugareños lo consideran un océano interior (Taupō moana, en maorí). Cuando se ve por primera vez, su escala resulta abrumadora y se necesitan unos instantes para procesarla mentalmente. Más allá se divisan los picos nevados de los montes Ruapehu, Ngauruhoe y Tongariro, difuminados en una amalgama de azules.

Para todos los gustos

Con 616 km^2, el lago es tan grande que posee un carácter diferente según en qué punto de su perímetro se esté. El tramo de la playa próxima al centro de Taupō es muy familiar. Un poco más al sur, en Waipahihi, hay una playa de aguas calientes: el calor geotérmico se percibe nada más pisar la arena de piedra pómez. Después está Acacia Bay, donde es posible saltar de bomba a las aguas cerúleas desde el pontón. Y para los nadadores más fuertes, la gran aventura es ir a ver los gigantescos Ngātoroirangi Mine Bay Māori Rock Carvings, esculpidos en el acantilado por el artista Matahi Brightwell en la década de 1970.

Se elija el lugar que se elija, una zambullida en este lago revitaliza cuerpo y alma. Y ya en el agua, la épica escala de los montes volcánicos y la enormidad del lago disipan cualquier preocupación y el mundo vuelve a ser maravilloso.

Dcha.: una furgoneta VW clásica a orillas del Taupō, el mayor de Nueva Zelanda.

Abajo: lugareños disfrutando de una de las siete zonas de baño del lago Taupō.

Mi experiencia

Para mi vergüenza, la principal razón para bañarme en el lago Taupō fue una resaca épica; pero no hay nada más reparador que un chapuzón en agua fría. El guía explicaba al grupo cómo se pescan las truchas, pero yo me escabullí para poder expiar mis pecados. Pese a que era otoño, ya hacía fresco y se veía nieve en las montañas, pero me puse el bañador y me zambullí. El agua debía de estar entre 12 y 14°C, lo suficientemente fría como para robarme el aliento unos instantes, pero no tardé en nadar alegremente hacia un risco rocoso lleno de árboles antes de darme la vuelta y regresar al barco amarrado de mi viaje rejuvenecedor. Al llegar a bordo estaba perfectamente recompuesta y lista para saborear una trucha a la barbacoa.

Tasmin Waby

Izda.: una de las humeantes pozas geotermales del Spa Thermal Park de Taupō.

Pág. siguiente: un cálido día de verano en medio del lago Wakatipu, en Glenorchy.

Imprescindible

→ **Nadar o ir en kayak a los Ngātoroirangi Mine Bay Māori Rock Carvings.**

→ **Disfrutar de una cena con vistas a la puesta de sol desde el Wharewaka Point.**

→ **Visitar las imponentes cascadas Huka, cerca de aquí.**

Creaciones volcánicas

Si se mira hacia abajo se ven más maravillas: el agua está tan clara que la visibilidad alcanza los 21 m. Alrededor de los riscos de Taupō –entre el cambiante reflejo del sol en el agua– se ve cómo la grauvaca desaparece en las profundidades del lago.

La caldera del lago Taupō es resultado de una erupción volcánica hace 27 000 años y el agua es baja en nutrientes que, de otro modo, servirían de sustento a plantas y algas; por eso está tan clara. La temperatura es menos consistente: en invierno está a 10°C, los estratos superiores se calientan en verano y en febrero es como una piscina climatizada, con el agua a 20 °C.

De lago a océano

En la superficie también hay mucha variedad. En un día tranquilo, el lago Taupō es bastante apacible. Hay barcos de pesca meciéndose lejos de la orilla, en busca de la famosa trucha salvaje del lugar, y las olas acarician la arena con suavidad hasta que una lancha motora las agita y las envía hacia la orilla con rítmica urgencia.

Con viento, el lago es irreconocible. Las olas azotan la superficie con furia y la brisa empuja los veleros sobre las ondulaciones del agua. Entrar en el lago es como entrar en el mar; cuando las olas te abofetean la cara, entiendes por qué aquí lo consideran un océano interior.

Decídete

Cómo llegar
Desde la ciudad de Rotorua hay 1½ h en autobús hasta la localidad de Taupō, o 1 h en coche. Si se dispone de un vehículo de alquiler es más fácil llegar a los sitios más remotos. De otro modo, la localidad de Taupō está junto al lago.

Nivel de dificultad
Un chapuzón en verano, en las playas próximas a la ciudad, es apto incluso para los nadadores menos expertos. Si el lago está picado, conviene quedarse cerca de la orilla. Quien busque un reto, tiene el evento anual Across the Lake, una travesía a nado de 4,2 km de Acacia Bay a Three Mile Bay (www.acrossthelakeswim.co.nz).

Más información
En el lago Taupō se puede nadar gratis todo el año (dic-mar el agua está más templada). En las playas principales hay instalaciones, como lavabos públicos. En Taupō y Acacia Bay hay alojamientos y restaurantes. Más información en www.lovetaupo.com.

Otras propuestas lacustres en NZ

Lago Tikitapu
A 15 min al volante desde Rotorua, el lago Tikitapu (Blue Lake) es muy popular para nadar y hacer esquí acuático. Un pequeño pontón flotante cerca de la orilla distrae a la chavalería. Después de nadar se puede dar el paseo de 5,5 km que rodea el lago por el bosque.

Imprescindible
Contemplar el contraste de colores con el vecino lago Rotokakahi (Green Lake) desde el mirador entre ambos.

Lago Wakatipu
Solo los más temerarios se bañarían en un lago de montaña de la Isla Sur, y quien suscribe esto se declara culpable. Incluso en verano la temperatura del Wakatipu es baja (11,5°C es lo normal), gracias a los gélidos ríos que lo nutren. Es buena idea usar neopreno. Abundan las playas donde darse un baño con los increíbles Remarkables de fondo.

Imprescindible
Una tarde de surf de remo desde Queenstown.

En todoterreno hacia un estanque escondido

Acampada, aguas cristalinas, aventuras en el *outback*.

Oct-abr

Para los no iniciados, Australia tiene fama de "país abrasador", y así es. A lo largo de la costa este las amplias playas de arena y las olas templadas del océano nunca quedan muy lejos, pero si se va en busca de baños de agua dulce habrá que esforzarse un poco más para encontrarlos. Comparado con otros países y continentes, los cursos fluviales del interior escasean, y muchos de ellos son salobres, tienen taninos y albergan criaturas al acecho. Y lo peor de todo es que quizá sean efímeros: un lago puede existir sobre el mapa, pero a lo mejor no está sobre el terreno cuando se llegue.

Esto explica por qué el arroyo Booloumba, en la Sunshine Coast, tiene tanta fama. No posee la piscina natural más templada ni la más grande del país, y mucho menos la de más fácil acceso. Lo que sí tiene es una de las pozas más claras para nadar del sureste de Queensland.

Un oasis de color aguamarina

Las aguas turquesas del arroyo Booloumba (Booloumba Creek) son tan cristalinas que se ve el fondo de la poza. Sus orillas están llenas de guijarros arcoíris, que tanto a los niños como a los adultos les encanta recoger, de no estar jugando con el columpio para lanzarse al agua o explorando la corriente río arriba.

Una parte del encanto de pasar la tarde aquí es que, si bien no es un sitio muy remoto –Noosa

Dcha.: un estanque en el Conondale National Park, 100 km al norte de Brisbane.

Abajo: el agua fluye veloz por el arroyo Booloumba a través del bosque pluvial subtropical.

© fivespots/Shutterstock; Janelle Lugge/Shutterstock; Jared Barton/Shutterstock

Mi experiencia

Como canadiense, soy la primera en admitir mi esnobismo a la hora de nadar en agua dulce. Casi toda mi vida he tenido el privilegio de contar con lagos prístinos. Así que cuando me mudé a Australia tuve que dejar a un lado mi fobia a los peces y acostumbrarme a nadar en aguas en las que no sabía muy bien qué había ahí abajo. Descubrir el arroyo Booloumba fue toda una revelación. Está a solo 30 min de donde vivo, y sus aguas color zafiro son tan claras que puedes contar las piedras del fondo, lo que significa que no hay rincón alguno donde puedan esconderse ni *yabbies* (cangrejos de río) ni anguilas.
Jessica Wynne Lockhart

está solo a 1 h en coche–, posee todos los alicientes para una auténtica aventura en el *outback* (interior) australiano.

La aventura ya se presiente nada más entrar en el Conondale National Park, en las afueras de la bella localidad de Kenilworth. Pero aún no se ha llegado a la poza: para ello hay que cruzar el arroyo varias veces de camino al destino; y eso solo puede hacerse en un todoterreno, o, si el agua no fluye muy brava ni muy alta, a pie. Solo así se puede llegar a la zona de uso diurno y dar con la poza, oculta entre la maleza autóctona.

Aventuras sin fin

Ya en el agua, se podría pasar el día entero flotando y contemplando los árboles. Pero lo mejor del arroyo Booloumba es que lo de nadar no se limita a la zona de uso diurno, normalmente abarrotada los calurosos días de verano. Los senderistas más entusiastas pueden pasar cuatro días recorriendo los 56 km de la pista del parque, una ruta que es parte de las Great Walks de Queensland, e ir refrescándose por el camino.

Si solo se tiene un día se puede emprender la ruta de 3 km del Booloumba Falls Walk, que recorre el panorámico arroyo y lleva a pozas de roca aún más ocultas, cascadas y cataratas. Si a todo esto se le suman playas de arena y una naturaleza singular, el resultado es la definición exacta de "oasis para nadar".

Dcha.: raíces como contrafuertes anclan una higuera al lecho del bosque en Conondale.

Pág. siguiente: en temporada de lluvias, las cascadas Kondalilla caen desde unos 90 m de altura.

Imprescindible

→ **Subir por las rocas corriente arriba.**

→ **Parar en el vecino arroyo Little Yabba para ver las higueras gigantes.**

→ **Intentar comerse una de las míticas rosquillas de 1 kg de la Kenilworth Bakery's.**

Decídete

Cómo llegar

El arroyo Booloumba está en el Conondale National Park, a 1 h en coche hacia el interior de Noosa y a 13 km de Kenilworth. Para llegar a la zona de uso diurno se precisa un todoterreno alto (hay que cruzar el arroyo varias veces). Si se está en forma y el caudal es bajo, se puede aparcar en la entrada y vadear el arroyo.

Nivel de dificultad

El agua no es muy profunda y está templada, por lo que esta es una excursión familiar. Sin embargo, los senderos que llevan a la poza no son aptos para personas con problemas de movilidad. Aunque Booloumba no está lejos de la civilización, es una zona con poca cobertura de móvil. Y hay que tener cuidado con las serpientes.

Más información

El Conondale National Park es una zona natural con muy pocas instalaciones; conviene aprovisionarse en la vecina Kenilworth. En la zona de uso diurno hay mesas de pícnic, barbacoas y aseos. No hay papeleras, así que hay que llevarse la basura de vuelta. Más información en www.parks.des.qld.gov.au.

Otras propuestas en Queensland

Cascadas Kondalilla
El Kondalilla National Park se halla en el bosque pluvial del Sunshine Coast Hinterland. A solo 20 min del aparcamiento hay una poza circular de roca con su cascada. Se encuentra en la parte superior de las enormes cascadas Kondalilla y el agua está más fría de lo que parece: es una delicia cuando hace mucho calor.

Imprescindible
Ir a pie al mirador para alucinar con los 90 m de caída de las cascadas Kondalilla.

Río Mary
Con su bucólico entorno, este río próximo a Kenilworth es una popular zona de acampada entre los lugareños. Ofrece desde pozas profundas hasta rápidos que no cubren sobre lechos de guijarros. Si se cuenta con un neumático incluso se puede bajar un tramo de río flotando.

Imprescindible
Abrir bien los ojos en busca de ornitorrincos: se sabe que viven por la zona.

Índice

D

E

F

G

N

O

P

Nadar al aire libre
1ª edición en español - abril del 2024

geoPlaneta
Av. Diagonal 662, 08034 Barcelona
www.geoplaneta.com www.lonelyplanet.es

ISBN: 978-84-08-28021-7
Depósito legal: B. 15.372-2023

Printed in Malaysia - Impreso en Malasia

De la edición original:
The Joy of Wild Swimming
Publicado en septiembre del 2023

Lonely Planet Global Limited
Digital Depot, The Digital Hub,
Dublín D08 TCV4, Irlanda
www.lonelyplanet.com
Contacta con Lonely Planet en lonelyplanet.com/contact

Autores Adam Skolnick, Alexis Averbuck, Ashley Parsons, Bailey Freeman, Barbara Woolsey, Brendan Sainsbury, Clifton Wilkinson, Etain O'Carroll, Freya Bromley, Helen Iaotrou, Helen Ranger, Jessica Wynne Lockhart, Jo Tinsley, John Brunton, Kerry Walker, Luke Waterson, Mary Fitzpatrick, Monique Choy, Nicola Williams, Oliver Smith, Olivia Pozzan, Orla Thomas, Phoebe Hunt, Rachel Davies, Stephanie Pearson, Tasmin Waby, Virginia Jealous